독서로의
초대

독서로의 초대

배종경 지음

—

INVITATION
TO
READ

—

{ '사람은 책을 만들고, 책은 사람을 만든다' }

사람이 만든 것 중에서, 다시 사람을 사람이게 만드는 것이
책 외에 무엇이 있겠는가!

바른북스

머리말

『독서로의 초대』는 책의 제목 그대로, 우리 함께 독서의 길로 나아가자는 것을 목적으로 하는 글이다. 저자의 지난 8년간의 독서 여행기이며, 독서하는 삶을 통해 깨달은 바에 대한 기록이다. 왜 책을 읽어야 하는가? 무엇을 읽어야 하는가? 어떻게 읽어야 하는가? 어떻게 활용해야 하는가? 어떻게 독서습관을 기를 것인가? 하는 독서의 근원적인 질문에 대한 저자의 체험과 탐사의 기록이다.

유튜브로 대표되는 영상이 지배적인 사회가 되어버린 요즘에, 독서의 의미와 가치를 되새기려 하는 필자의 분투가 시대에 뒤처지거나, 어리석게 비칠지도 모른다. 그러나 그래도 괜찮다. 이 글을 통해 단 한 사람이라도 책에 흥미를 갖게 되고, 책을 읽는 계기가 될 수 있다면 필자로서는 보람 있는 일이라 여긴다. 하루가 다르게 변화하고 있는 시대에 살고 있는 우리 모두는 바쁘다. 물질적으로는 분명히 예전에 비해 조금 더 풍족해진 것 같은데, 정신적 공허감과 소외감은 날이 갈수록 더 커져가는 것만 같게 느껴진다. 왜 이렇게 된 것일까? 어쩌면 지나치게 바쁘게만 살아가는 나머지, '왜 바쁜지? 무엇을 위해 바쁜지? 무엇을 위해 살고 있는지?'를 생각조차 못 하고 있는 건 아닐까? 물질적인 풍족에만 치우친 나머지, 우리 자신의 정신적 풍요에는 너무 소홀한 채 살고 있는 건 아닐까!

인류라는 종은 스스로 만든 문명을 후손에게 물려줄 수 있는 유일한 종이다. 그렇기에 이 지구의 지배종이 된 것일 테다. 인류의 태동 이래로 쌓아온 문명은 책을 통해 후손에게 대대로 전수되어왔다. 비록 영상과 이미지가 득세하고 있는 시대이지만, 여전히 독서의 가치가 줄어들거나, 독서의 의미가 퇴색된 것은 아니다.

20년간 공들여 쌓아온 나의 스펙이 나를 지켜주지는 못하는 시대이다. 평생 쌓아 올린 재물이 내 삶에 새 활력을 주지는 못한다. 그러나 책을 읽는 삶이라면 다르다. 책은 언제나 내게 기회와 가능성을 제공해 준다. 독서란, 책 내용의 답습과 순종에 그 의미가 있는 게 아니라, 자기 생각을 발견하고, 만들어 가는 데 그 진정한

참뜻이 있기 때문이다.

사고력, 판단력, 상상력이 중요한 시대라고 누구나 말을 한다. 그럼에도 아직 누구도 효과적으로 개발하는 방법을 모르고 있다. 여기 과감히 그 해법으로 독서의 길을 제시한다. 독서를 통해 사고력, 판단력, 상상력을 키움으로써, 내 삶을 향상시키고, 내 자신을 성숙시키기를 기원한다. 이 책을 통해 '독서가 자신에게 무엇인지? 어떻게 독서와 함께하는 길을 찾을 수 있을지?'를 탐색하는 과정이 되기를 진심으로 바란다.

책이 있는 한 인류는 멸망하지 않을 것이다! 책을 읽는 한 우리의 성장은 멈추지 않을 것이다! 나의 글이 독서에 대한 예찬, 독서에 대한 의무감, 독서하는 방법에 대한 가르침이 아니라, 더불어 함께 책을 읽어나가자는 정성을 다한 권유이며, 내 솔직한 심정을 담은 '독서로의 초대'이기를 진심으로 기원한다. '사람은 책을 만들고, 책은 사람을 만든다.' 사람이 만든 것 중에서, 다시 사람을 사람이게 만드는 것이 책 외에 무엇이 있겠는가!

끝으로 오랜 시간을 묵묵히 지켜봐 주고, 늘 지지해 주는 사랑하는 아내와 현우, 민우에게 고마움을 전한다.

목
차

머리말

{ 1장 ──────────
왜 읽는가? }

{ 2장 ──────────
무엇을 읽어야 하는가? }

{
3장

# 어떻게 읽어야 하는가?
}

왜 읽는가?

Invitation
To
Read

독서 이유를 스스로
생각해 보자

때로는 이유 없이 손에 잡히는 대로 눈에 띄는 대로 책을 읽을 수 있다. 필자도 종종 그렇게 읽기도 한다. 그럼에도 책을 읽는 이유를 한 번쯤 먼저 생각하는 것은 독서에 큰 도움이 된다. 무엇보다도 스스로에게 뿌듯한 느낌을 줄 수 있어 좋다.

호기심을 자극하기 위해서든, 자기계발을 위해서든, 휴식과 위안을 위해서든 한번 생각해 보자. 나는 왜 지금 이 책을 읽으려 하는가? 이 질문은 마땅한 대답을 찾을 수 없는 경우조차도, 독서 이유를 스스로 생각하게 한다는 점에서 그 의미를 갖는다. 그러니 한 번쯤 읽기 전에 책을 읽는 나만의 이유를 생각해 봐도 좋지 않은가!

　나는 왜 책을 읽는가? 독서가 내게 어떤 의미인가? 나는 독
서에서 무엇을 찾으려 하는가? 내 활동에 의미와 가치를 부여
하는 것은 언제나 내 자신이듯, 내 독서활동에 의미를 부여하
는 것 역시 독자로서의 나의 몫이다. 무슨 이유에서라도 좋다.
세상에 더 좋거나 더 나쁜 이유란 없다. 그저 책을 읽는 이유를
잠시라도 생각해 보는 것 그 자체가 목적이기 때문이다.

　독서 이유를 묻는 중요한 또 하나의 목적은 내 의식을 일깨
우고, 보다 효과적으로 책을 읽을 수 있게 만들기 때문이다. 책
을 읽다가 이유를 잊어버리더라도, 다시금 이유가 머리에 떠
오르곤 한다. 책을 다 읽은 후에 다시 그 이유를 떠올려도 좋
다. 다 잊어버린 것 같아도 내 몸과 마음이 무의식 상태에서조
차 기억하고 있기 때문이다. 이유 없는 만남에서 의미를 찾기
가 어렵듯이, 이유 없는 독서는 공허한 행위에 머물기 쉽다. 나
의 독서 이유에 따라 책에서 배워야 하는 내용이 다르고, 읽는
방법이 다르고, 책을 대하는 나의 태도가 달라지기 때문이다.

　독서 이유가 호기심 때문이라면 책의 수준이 아니라, 얼마나
나의 호기심을 자극하느냐가 선정 기준이어야 한다. 실용서적
이라면 아무래도 처음부터 끝까지 정독하기보다는 건너뛰면서
필요한 부분만 골라서 읽는 것이 더 효과적인 경우가 많다. 공

감과 위안을 위해서라면 속도보다는 천천히 그 내용을 음미하면서 읽어나가는 것이 제격이다. 이렇게 책을 읽는 이유에 따라 다양한 방식과 수준으로 독서활동을 달리할 수 있다.

책을 읽는 이유를 상기하는 것만으로도 지금 내게 필요한 방법과 수준을 생각하게 만든다. 어려운 책이라고 지적으로 내게 도움이 되고, 쉬운 책이라 하여 무용지물이 아니다. 지금 내 독서 이유에 맞는 책이 내게 가장 좋은 책이다.

독서란 만남과 같다. 책을 언제 어디서 어떻게 대면하느냐에 따라 다양한 의미로 내게 다가온다. 동일한 책이라도 내 상황에 따라 얼마나 다르게 느껴지는지를 한 번이라도 경험해 본 사람은 알 것이다. 필요한 시기에 내게 꼭 어울리는 책이 있다는 것을! 지금 내게 필요한 책을 생각할 수 있고, 찾을 수 있는 사람이라면 이미 독서습관이 어느 정도 자리를 잡은 사람이다.

좋은 책을 만나기란 얼마나 어려운가? 좋은 친구를 만나는 것만큼이나 어렵고 드문 일이다. 내가 책을 찾아가기도 하지만, 책이 어느 순간 내게 다가오기도 한다. 자연과 함께하면서 읽는 시(詩) 한 편이 도서관에서 읽는 시와 같을 리 없다. 힘든 시기에 내게 위로와 공감을 주는 수필 한 편이, 다른 때 만나는 무감동인 글과 같은 무게일 수는 없다.

이유를 생각하며 책을 읽다 보면, '다음에는 어떤 책을 만나야 하나?' 하는 생각이 저절로 떠오르게 된다. 이때쯤이면 책을 선정하는 일이 힘들고 어려운 일이 아니라, 기대와 설렘을 주는 즐거운 일이 된다. 노력 끝에 내게 맞는 책을 찾았을 때의 희열과 감동은 그 어떤 활동과 비교해도 결코 뒤떨어지지 않는다.

오늘 나는 아침부터 내리는 비를 바라보며 류시화의 『좋은지 나쁜지 누가 아는가?』를 집어 들었다. 감동으로 하루를 열고 싶기 때문이다. 이미 여러 차례 읽어왔지만, 오늘 이 책이 주는 느낌과 감동은, 오늘에만 느낄 수 있는 특별한 의미로 다가오리라는 기대를 갖고서! 당신은 오늘 어떤 책을 읽고 싶은가? 어떤 책이 당신에게 다가와서 말을 걸고 있는가? 이제 마음을 열고 그 책과 깊이 접촉해 보자! 독서 이유를 생각해 봄으로써 내 독서활동에 의미를 부여하자!

호기심을 키우기 위한
독서를 하자

우리는 언제 책을 읽고 싶은 기분이 들까? 호기심이 생기고 궁금증이 일 때이다. 골프에 관심이 생겼을 때 레슨을 등록하고 연습장에 다니게 된다. 골프 관련 뉴스와 소식에 관심을 가지고 찾아보게 된다. 어느 정도 관심을 이어가다 보면 골프 관련 책을 찾아보게 된다. 기초부터 실전, 고급을 거쳐, 매너부터 구체적인 방법에 이르기까지 필자도 한참 골프에 열심일 때는 레슨을 받고, 부지런히 책을 찾아 읽었다. 레슨과 독서는 상호 작용하면서 실력을 발전시키는 데 큰 도움이 된다. 책을 통해 기초와 원리를 이해하고, 레슨을 통해 내 몸에 맞게 익혀 나가면서 실력이 는다. 비단 골프뿐이겠는가? 나의 지적 호기심이 발동될 때 내게 가장 손쉽고, 적합한 방식으로 충족시켜 나 갈 수 있는 방법이 바로 독서이다.

책을 통한 지적 호기심 충족에는 세 가지 장점이 있다. 첫째, 나의 시간과 수준에 맞출 수 있다. 둘째, 비용대비 가장 효과적이다. 셋째, 목표에 이를 때까지 얼마든지 반복하여 활용할 수 있다.

우리는 지적 호기심을 경험해 보지 못했거나, 어쩌다 호기심이 생기더라도 그냥 가볍게 넘겨버리는 경우가 많다. 언제 다시 생겨날지 모르는 소중한 배움의 기회를 너무 소홀히 여기고 있는 것은 아닐까? 지적 호기심은 자신의 노력으로 충족시켜 나갈 때 계속 유지되고 발전해 나간다. 지적 호기심이 중요한 이유는 스스로 해결방법을 찾게 만들고, 삶에 활기를 불어넣고, 자신의 열정을 일깨우기 때문이다. 지적 호기심은 자발적 동기에 의한 활동이므로, 자신이 돌보고 신경 쓰지 않으면 금세 사그라들고 만다.

독서는 지금 나의 지적 호기심을 충족시켜 줄 뿐만이 아니라, 계속 유지시키고 발전시켜 준다. 책을 읽으면서 알게 되고, 이해하고 공감할수록 나의 지적 호기심이 더욱 불붙게 된다. 독서야말로 지적 호기심을 일으키는 내 삶의 활력소이다.

오늘 아침 아들이 AI(인공지능)에 대해 질문을 했다. 순간 나는 적절한 대답을 해나갈 지식이 부족하여 모처럼 아들과 대화할 수 있는 기회를 놓치고 말았다. 오늘부터 당분간 AI에 관해 독서할 생각이다. AI에 대한 책 몇 권만 읽으면 아들과 자연스럽게 대화할 수 있는 기회가 생길뿐더러 어쩌면 아버지의 해박한 지식에, 나를 다시 바라보는 마음을 끌어낼 수 있을지도 모를 일이다. 아들의 호기심이 이제는 나의 호기심이 되었다.

먼저 호기심이 생겨서 관련 책을 찾아 읽기도 하지만, 독서를 통해 호기심이 생겨나기도 한다. 독서에 관한 책을 읽는 도중에 두뇌, 심리, 배움, 인식과 태도에 대해서도 궁금증이 생겨났다. 독서가 나의 지적 호기심을 일으키는 경우이다. 당장에 실제적인 실익이 없어도 좋다. 중요한 것은 나의 호기심, 열정, 활기를 놓치지 않는 것이다. '왜 사람을 만나고 함께 어울리는가?' 즐겁기 때문이다. 지적 호기심을 충족시키는 독서 역시 또 하나의 즐거운 놀이이다. 아무런 의무와 부담감 없이 즐길 수 있기 때문이다. 이럴 때 우리는 사람과 세상에 대해 잊어버렸던 호기심이 더욱 강해지는 건 아닐까? 이런 호기심을 통해 되풀이되는 일상에서 벗어나 새로움과 도전에 나서는 것이 아닐까!

시(詩) 한 편 외운다고 멋진 글귀 한 문장 읊는다고 내가 달라지는 건 아니다. 그럼에도 암송하는 한 편의 시와 읊조리는 마음에 와닿는 한 문장이 내 삶을 풍요롭게 만든다.

독서로의 초대

우리는 가치를 경험하기 위해 멋지고 비싼 식당을 찾는다. 단지 음식을 통한 입의 즐거움만 추구하는 게 아니다. 내 자신이 좀 더 멋져 보이고, 내 삶을 보다 즐겁게 만들기 위한 행위이다. 독서를 통해 나의 지적 호기심을 충족시켜 나갈 때, 나는 보다 멋지고, 내 삶이 보다 즐거워지는 건 아닐까? 독서만큼 지적 호기심을 지속적으로 자극하는 활동은 없다. 알면 알수록, 배우면 배울수록 지적 호기심이 자극되고 발동되기 때문이다.

지금 궁금해하는 것이 있는가? 좀 더 알고 싶은 것이 있는가? 그렇다면 당장 책을 찾아 나설 일이다! 독서로 지적 호기심을 자극하고, 삶의 활력을 되찾자!

자기계발을 위한
독서를 하자

자기계발을 위해 많은 사람이 어학공부를 하고, 자격취득을 위해 학원에 다닌다. 바쁜 시간을 쪼개고, 자기 비용을 들여가며 경쟁력을 키우기 위해 다들 열심이다. 그러나 정작 독서만큼 자기계발에 효과적인 방법이 없다.

돈을 모으기 위해, 자격취득을 위해, 입사하기 위해, 다양한 목적으로 정보를 수집하고 지식을 습득한다. 요즘은 유튜브를 통해 영상으로 정보와 지식을 손쉽게 습득하는 것에만 지나치게 빠져 있다. 자기계발이라는 실용적 목적을 위한 활동으로 독서보다 효과적인 방법은 없다. 자기계발의 근본은 자신의 성향, 기질, 장점을 파악하고 계발하는 것이다.

독서는 책을 읽는 동안 자기 여과 과정을 거치게 되므로, 자신의 생각과 느낌을 보다 잘 이해할 수 있게 해준다. 자신이 무엇에 감동하고, 무엇을 중요하게 생각하는지를 알게 된다. '이 분야가 유망하다, 이것이 뉴 트렌드다'에 휘둘리는 대신 나의 성향과 기질을 바탕으로 자기계발에 매진할 수 있다. 유행은 잠시 지나가고 만다. 그러나 자신의 기질과 성향은 웬만해서는 바뀌지 않는다. 어쩌면 평생 동안 지속될 수도 있다.

자신의 기질과 성향을 파악했다면 이제 쓸모 있게 계발할 차례이다. 독서를 통해 기초부터 실용 수준까지 단계별로 차근차근 배우고 익혀나갈 수 있다. 나의 시간에 맞추어서, 나의 속도에 따라서, 내 방식으로 계발해 나갈 수 있다. 이 과정을 통해 자기 자신을 더 믿을 수 있고, 할 수 있다는 자신감이 생겨난다. 어디로 가야 하는지, 무엇을 해야 하는지를 알기 때문이다. 하지만 여기서 만족해서는 안 된다. 역량을 개발하기 위해서는, 내 삶에서 적극적으로 활용해야 한다. 오늘 책에서 배운 지식과 기술을 응용하고 활용해 보자.

책과 나의 현실은 다르다. 당연하지 않은가? 저자의 상황이 내 상황이 아니기 때문이다. 그러므로 내 상황에 맞게 스스로 다양하게 시도해야 한다. 이 다양한 시도가 지식과 기술을 더 넓고 깊게 만든다. 책을 보고 활용하면서 더 깊게 이해하고, 직접 실행하면서 그 이치와 원리를 더 깊게 파고들 수 있다.

독서와 자기계발은 정말 환상의 조합이다. 예를 들어, 마케팅 기법은 하루가 멀다 하고 새로운 방식이 쏟아져 나온다. 그 흐름만 따라다니다 보면 언제나 한발 늦을 수밖에 없다. 유행에는 이치와 원리 대신 감각의 자극만 있기 때문이다. 하지만 독서를 통해 마케팅의 기본 원리를 익힌다면 유행의 속성을 꿰뚫어 보는 눈이 생긴다. 자기 분야에 맞게, 자신의 일에 적합하게 응용하고 활용할 방법을 찾을 수 있다. 무엇이든 기본 원리와 속성을 알면 본질을 볼 수 있는 안목이 생기기 때문이다. 유행에 쫓겨 그 흐름의 꽁무니만 쫓아다니기에 바쁠 것인가? 독서로 근본 원리와 속성을 배우고 익혀 내게 맞게 활용할 것인가?

독서와 자기계발이 훌륭한 조합인 이유가 세 가지 있다. 첫째, 근본 원리와 속성을 파악하여 활용할 수 있다. 둘째, 읽으면서 자기 상황을 대입시켜 다양한 관점과 방법으로 시도해 볼 수 있다. 셋째, 필요할 때마다 수시로, 지속적으로 자기계발에 활용할 수 있다. 독서는 든든한 나의 후원자이자 파트너이다. 절대 배신하지 않으며 지속해서 나의 힘이 되어준다. 독서는 책을 읽는 동안만이 아니라, 읽고 나서도 계속 참고하고 꾸준히 다시 배울 수 있다. 독서하는 동안 자신이 정리, 요약해 둔 메모는 더욱 효과적으로 활용할 수 있다. 언제든지 필요한 부분만 다시 일깨워서 활용할 수 있기 때문이다.

자본주의 세상에서 살아가는 우리는 돈을 벌기 위해 주식, 연금, 부동산 등에 신경을 곤두세우고, 없는 시간을 쪼개어 투자

　　　　　　　　　　　　　　　　　　　　　　독서로의 초대

에 나선다. 그러나 가장 확실하고 오래 지속되는 자기계발에는 오히려 소홀한 게 아닐까? 독서를 통해 꾸준히 자기계발을 실천해 나갈 때 시간은 더욱 내 편이 되고, 나의 영향력은 점점 커지게 된다. 독서야말로 가장 실제적이며 효과적인 자기계발법이 아니겠는가!

학력은 지식사회에서 더 이상 그리 오래가지 못한다. 4차 산업혁명 사회에서는 갈수록 지식이 그 가치를 더해가고 있다. 독서력을 가장 믿을 수 있고 가장 효과적인 나의 경쟁력으로 만들자! 오늘도 나는 내 자신의 자질과 역량을 개발하기 위해 책을 읽는다. 당신은 무엇을 할 것인가?

공감과 위안을 위한
독서를 하자

아무 이유 없이 책을 읽고픈 때가 있다. 하루가 힘들고 지칠 때, 마음이 상할 때, 기분이 울적할 때, 이때 독서는 휴식과 위안이 된다. 잠시 힘든 현실을 떠나보는 것은 다시 현실로 힘차게 돌아오기 위한 발판이 된다. 또한 다른 사람들도 이럴 때가 있다는 것을 알게 되면 큰 위안을 얻게 된다. 나의 힘든 마음을 알아주는 책을 만나면 이해와 공감을 통해 힘과 용기를 얻게 된다.

꼭 무슨 이유가 있어야만 책을 읽는 것은 아니다. 아니, 아무 이유가 없이 읽기에, 독서가 기대 이상의 휴식과 위안은 주는 것이 아닐까? 맑은 가을 하늘을 볼 때 생각나는 수필 한 문장,

무어라 형용하기 힘든 감정을 만날 때 되살아나는 시 한 구절, 상황에 너무나 절묘하게 부합하는 격언이나 표현, 이것만으로도 독서의 이유는 충분한 것이 아닐까?

일전에 시골에서 가족모임이 있었다. 이런 얘기 저런 얘기 끝에 사물을 다르게 바라볼 수 있는 방법에 대한 얘기가 나왔다. 그때 떠오른 함민복 시인의 「섬」은 그야말로 빅히트였다. 이 시 한 편으로 우리 가족 모두가 도끼로 머리가 쩍 갈리는 경험을 했다. 그동안 셀 수 없을 만큼 많이 '섬'을 봐왔음에도 한 번도 이런 시선으로 보지는 못했다. 다양한 관점에 대해 이 시 한 편보다 어떻게 더 잘 설명할 수 있단 말인가! 그동안은 변화를 추구한답시고 낯선 환경, 새로운 대상만을 쫓아다녔다. 그러나 정작 새로움은 대상 자체에 있는 것이 아니다. 다르게 보려는 나의 인식과 태도에 있음을 깨닫게 되었다.

매일이 똑같은 일상이 되풀이되고 있다고 느끼는가? 다람쥐 쳇바퀴 도는 것 같은 일상에 지쳐가고 있는가? 뭔가 색다른 즐거움을 찾고 있는가? 그렇다면 책을 읽자! 책을 읽으면서 사물을 기존과 다르게 보려는 시도를 해보자. 다르게 볼 수 있을 때까지 계속 생각을 이어나가자. 중요한 것은 얼마나 다르게 볼 수 있느냐가 아니다. 내가 다르게 보려 해야만 다르게 볼 수 있음을 인식하는 것이다!

독서를 통해 인식과 태도의 중요성을 배우자. 책을 펴는 순간 나는 다른 세상과 접속하게 된다. 현실은 나의 구체적인 상상이며 나만의 해석일 뿐 있는 그대로가 아니다. 현실이란 사실이라고 내가 믿고 있는 또 하나의 생생한 상상일 뿐이다. 그런 면에서 책 속 세상과 현실은 얼마나 다른 것일까? 똑같은 상황이라도 사람마다 다르게 해석하기에 저마다의 반응이 다르다. 잠시 동안 현실이라고 믿는 세상을 벗어나 상상이라 믿는 책 속으로 들어갈 수 있다면 우리는 보다 넓고 다양한 삶을 경험하는 게 아닐까?

독서를 통해 휴식을 취하고 위안을 얻으면서 내 삶의 활기를 불어넣어 줄 때 나는 책이라는 진실한 친구와 함께 걷고 있는 게 아닐까? 나를 이해하고 공감해 주고 용기를 주며 다시 힘을 북돋아, 현실이라는 세계로 당당히 되돌아갈 힘을 주는 진정한 친구 말이다. 계속 일만 생각한다고, 성과에 매달리기만 한다고, 내 현실에 치열하게 부딪히기만 한다고 내 삶이 나아지는 건 아니다. 2보 전진을 위한 1보 후퇴, 다시 당당히 맞설 수 있는 힘을 얻기 위한 휴식, 나의 일상을 새롭게 보는 안목을 기르는 독서야말로 진정 유익한 활동이 아닐까!

책 속에서 마음껏 웃고 울고 감동하면서 내 정서를 풍요롭게 만들자. 아무런 제약도 부담도 없이 나의 상상에 전적으로 나를 맡기자. 공감과 위안을 위해 책을 읽는 이 시간이야말로 진정한 나를 위한 시간으로 만들자. 왜 이 즐거움을 잊거나 포기한 채 살아가려 하는가!

나는 오늘도 법정 스님의 무소유에서 자발적 가난의 지혜를 배운다. 차마 스님처럼 그렇게 살지는 못한다 해도 그 즐거움을 상상해 보는 것만으로 마음 한구석이 충만감으로 가득 차오른다. 독서 외에 무엇이 이토록 나를 충만하게 할 수 있을까! 필요한 게 많음에도 억지로 참는 것은 슬프다. 직접 가질 수 없기에 정신 승리로 위안을 삼는 것은 가식이다. 그러나 무소유가 나의 자발적 선택이라면 이야기는 달라진다. 기꺼이 즐길 수 있게 된다!

돈 만 원으로 입을 즐겁게 하는 음식을 사 먹을 수도 있지만, 길거리에서 눈에 띄는 이웃을 도울 수도 있다. 내가 스스로 선택할 수 있는 안목이 생긴 덕분이다. 내 정서를 풍요롭게 하고, 내 삶에 활력을 주는 책을 읽고 즐기자!

자기성찰을 위한
독서를 하자

　독서의 궁극적인 목적은 자기성찰이다. 책을 읽음으로써 알
게 되고, 이해하게 되는 대상은 바로 자기 자신이다. 왜 독서가
자기대면과 자기성찰로 이어질까? 책을 읽으면서 결국은 자신
의 생각과 감정을 발견하고 만나기 때문이 아닐까!

　자기대면을 위한 다양한 방법이 있다. 일기 쓰기, 명상, 사색.
나는 독서가 가장 오래 지속할 수 있는 자기대면 방법이라 생
각한다. 생각만 한다고 생각을 잘할 수 없듯이, 자기를 오래 지
켜본다고 자기에게 더 다가갈 수 있는 것은 아니다.

　독서는 책을 읽는 내내, 읽고 나서도, 심지어 책을 읽지 않을
때조차도 자기의 생각과 감정을 돌아보게 한다. 독서는 '내가

누구인지?', '어떻게 살고 싶은지?'를 계속 묻기 때문이다. 이런 순간을 놓쳐서는 안 된다. 자신과 진심으로 대면하는 시간으로 삼아야 한다.

오랜 시간을 자신과 동행해 오면서도 자신을 아는 사람은 드물다. 심지어 자신을 알려고 노력하는 사람조차 그리 많은 건 아니다. 얼마나 소중한 순간인데 그냥 지나칠 수는 없다. 아니 그냥 보내서는 절대 안 된다. 『삶의 의미를 찾아서』, 『죽음의 수용소에서』, 『지금 이 순간을 살아라』를 만나야 할 시간이다. 어쩌면 우리가 지금까지 이런 책들을 읽어왔기에 자기대면의 순간이 찾아온 것은 아닐까? 어떤 다른 일보다 자기와의 대면의 시간을 소중히 여겨야 한다. 어쩌면 내 삶의 의미를 찾을 기회가, 살아가는 내내가 아니라, 지금 이 한순간일지도 모르기 때문이다.

고요히 침묵하며 내면과 대화하자. 내면의 나를 계속 지켜보면서, 내게 속삭이고 있는 나의 진면목과 마주하자. '내게 무엇을 말하려 하는가?' 마음을 열고 진심을 다해 귀 기울여야 한다. 좀처럼 그 대답을 듣지 못한다 할지라도 포기해서는 안 된다. 내게 반드시 전하고픈 말이 있기에 지금 이 순간이 찾아온 것이다. 나는 더 마음을 열고, 내게 내 귀를 더 바짝 갖다 댄다.

책을 읽으면서 떠오르는 나의 생각과 감정을 글로 적는다. 글을 쓰면 보다 내게 좀 더 다가갈 수 있다. 생각이 정리가 되고 명료해진다. 나의 지난날을 회상해 보고, 내 삶을 되돌아본다. '지금 내게 중요한 것은 무엇인가?', '내 삶의 의미는 무엇인가?' 진지하게 스스로에게 묻는다. 그간에 읽어온 책들에서 의미 있는 많은 질문들이 되살아난다. 나는 진지하게 그 물음을 계속 이어나가면 된다. 때가 무르익었을 때 나의 내면이 충실하게 대답해 줄 것이다. 나를 위한, 나를 향한 질문이므로 피하려 해서는 안 된다.

자기대면의 시간이 끝나면 다시 관련 책을 읽으면서 내면의 대답을 상기해 본다. 알 듯 말 듯 한 의미들이 새롭게 느껴진다. 모호했던 내용이 일순간 직감으로 다가온다. 책이 나와 무관하지 않으며, 내 자신과 별개가 아니구나! 책이 이토록 밀접하게 나와 연결되어 있음을 느끼게 된다.

이때가 바로 독서하며 쌓아온 지식의 양적 축적이, 내 삶의 질적 도약으로 전환되는 순간이다. 이제 모든 지식이 내게로 와서 서로 연결된다. '왜 읽는가?', '무엇을 배우고, 무엇을 느꼈는가?', '무엇을 읽어야 하며, 어떻게 내 삶에서 실천할 수 있는가?' 모든 질문이 이제 나의 문제가 된다.

구본형 선생의 책은 내게 이런 의미로 다가왔다. 그냥 읽기만 한 게 아니라 치열하게 내 자신을 돌아보며 읽어온 덕분이다. 의식적으로 출퇴근길을 낯선 길로 다녀보고, 지금 내게 필요한 변화가 무엇인지 진지하게 묻고, 추구해 왔다.

사람은 자기 자신을 알고 싶어 하고, 자기 삶을 의미 있게 만들고 싶은 욕망이 있다. 이 욕망을 끈질기게 부여잡고 실현시키는 힘이 바로 독서이다. 독서는 나를 일깨우고, 다르게 생각하게 하고, 의미를 묻고, 내 자신을 돌아보게 한다. 책을 읽지 않고 바쁘게만 살아간다면, 우리가 언제 이런 생각들을 만날 수 있겠는가? 어떻게 이런 질문들에 대답할 수 있겠는가!

 나는 몇 번이나 다시 삶의 의미를 찾아 나서는 책을 펼쳐 든다. 내 자신과 마주하기 위해 의식적으로 내 시간과 정성을 들인다. 그만한 가치가 있는 일 아닌가! '내가 누구인지? 어떻게 살고 싶은지?'를 묻는 시간이 정말 소중한 시간이 아닌가!!! 내 목숨 한 올 한 올을 풀어서 이루고픈 간절한 꿈 하나 가슴에 깊이 품고 살고 싶지 않은가! 나는 그렇다. 당신은 어떤가?!!!
 책을 읽는 시간이 나와 대면하는 시간이요, 나를 성찰하는 시간이다. 책을 읽는 한 나는 언제까지고 내 자신에게 닿으려는 노력을 멈추지 않을 것이다!

2장

무엇을
읽어야 하는가?

Invitation
To
Read

명확한 목적을
세우고 읽자

어디로 갈지 모르는 배는 결코 아무 곳에도 이르지 못한다. 어떤 책을 읽어야 할지 모르는 경우가 있다. 딱히 관심 분야가 없거나 모호한 경우가 그렇다. 그냥 손에 잡히고 눈에 띄는 책을 집어 들어도 상관없다. 그러나 책을 선택하기 전에 5분만 먼저 스스로 생각하는 시간을 가지자. '지금 내게 필요하거나 도움이 되는 책은 무엇일까? 무엇을 위해 읽으면 좋을까? 어떤 책이 지금 내게 유익할까?' 책을 고르기 전에 나의 느낌과 생각부터 알아보려고 하자. 왜 읽는지? 그 이유를 인식하면 어떤 책을 읽어야 할지 갈피를 잡을 수 있기 때문이다.

책은 저자의 치열한 고뇌와 열정이 녹아 있는 치열한 정신의 산물이다. 설령 가벼운 문체로 쓰여 있다 하더라도, 그 정신까지 가벼운 것은 아니다. 최소한 저자의 심정을 이해하려는 마음으로 책을 대해야 한다. 나의 호기심 때문에 읽고 싶은가? 실용적인 지식을 위해 읽고 싶은가? 공감과 위안을 위해 읽고 싶은가? 성찰과 삶의 의미추구를 위해 읽고 싶은가? 그 책을 읽으려는 이유가 무엇이라도 좋다. 책을 읽기 전에 자기 목적을 명확히 세울수록, 자기가 원하는 것을 얻을 확률이 그만큼 커지기 때문이다.

책 속에는 많은 내용이 들어 있다. 때로는 저자의 안내에 따라 목적지 없이 흘러가도 좋다. 그러나 어디로 가려 하는지를 명확히 밝혀두면, 설령 헤매고 돌아가는 한이 있더라도 원하는 목적지에 이를 수 있다. 책을 읽는 목적을 인식한다는 것은 자기 스스로의 뜻을 세우는 일이다. 자신의 뜻을 세우면 같은 내용을 읽더라도 더 넓고, 더 깊게 이해할 수 있고, 자신의 것으로 만들 수 있다.

무슨 책을 읽더라도 독서를 시작하기 전에 5분만 자기 목적이 무엇인지를 생각하는 시간을 가지자. 이 5분의 시간이 책을 읽는 몇 시간, 며칠을 좌우한다. 목적을 명확히 세우면 책을 대하는 자신의 태도부터 달라진다. 아무런 목적 없이 읽는 것과 자기계발을 위한 책 읽기가 같을 리 없다. 목적 없는 글 읽기는 새로운 것을 배우기도, 자기 생각을 발견하기도 어렵다. 책의 내용에만 의지하므로 비록 좋은 책이라 하더라도, 내 자신과 연결시킬 수 없다. 책 읽기가 단순히 시간 때우기가 아니다. 다른 활동에 쏟을 나의 시간과 정성을 책 읽기에 할애하는 소중한 행위이다.

왜 나의 목적을 명확히 인식하는 것이 중요할까? 명확한 목적 없이 책을 읽을 경우, 내 생각을 발견하는 대신 책의 내용에 따라 이리저리 휩쓸리기 때문이다. 또한 목적 없이 읽고 나면 아무것도 남는 게 없기 때문이다. 책을 읽어도 내게 도움이 되지 않는다고 말하는 사람이 있다. 책을 읽는 자신의 목적을 생각하지 않았기 때문이다. 무엇을 찾아야 할지 모르는데 보물을 찾을 수는 없지 않은가?

책 읽는 목적을 스스로 인식하는 시간을 가지고, 몇 번의 시행착오를 거치다 보면 책을 고르는 안목이 생겨난다. 목적을 염두에 두면 자연스럽게 책을 고르는 안목, 책을 읽는 방법, 책을 대하는 태도가 달라지는 것을 스스로 깨닫게 된다. 지금 '내게 필요한 책은 무엇인가?'를 스스로 생각하고 기준을 정할 수 있게 된다. 책에 대한 비평의 시선을 가지게 된다. '이 책의 어떤 부분이 도움이 되고, 어떤 부분에 공감이 가고, 이 부분은 다른 책과 다른 주장을 하는구나!'를 인식하게 된다. 이런 태도로 책을 읽어가다 보면, 다음 책을 고를 때 자연스레 내 목적에 맞는 책을 고르려 하게 된다.

내게 유익한 좋은 책을 만나기란 정말 어렵고도 드물다. 평생에 정말 도움이 되고, 공감이 가는 책 10권만 만난다면 누구나 좋은 독서가가 될 수 있다. 그만큼 좋은 책을 만나기가 어렵다는 말이다. 내가 먼저 준비하고 스스로의 안목을 기르지 않으면, 언제나 베스트셀러, 남들이 재미있다고 하는 흥미 위주의 글, 요즘 인기 있는 트렌드 북을 벗어나기는 어렵다.

책을 읽는 목적을 먼저 생각해 보는 일은, 책에 대한 안목을 기르고, 내 마음을 담아 치열하게 독서하겠다는 의지를 다지는 일이다. 나의 목적에 따라 내 태도가 달라지고, 내 태도에 따라 얻는 것이 달라진다는 것을 명심하자.

아침에 나는 책장에 꽂혀 있는 책들을 마주한다. 오늘 나는 무슨 책을 읽을까? 오늘 내가 읽고 싶은 책은 무엇인가? 어떤 책이 오늘 나와 대화하고 싶어하는가? 이런 마음이기에 책을 고르는 이 시간 자체가 즐겁다. 기대가 된다. 생텍쥐페리의 『어린 왕자』는 오늘 내게 어떤 말을 들려주고 싶을까? 나는 '어린 왕자'에게 어떤 말을 해주고 싶은가?

책을 읽기가 어렵지 책을 고르기는 쉽다고 여겨서는 안 된다. 내가 읽을 책을 다른 사람에게 의지만 해서도 안 된다. 책을 고르는 일이 나의 시간과 노력을 투자할 만큼 가치 있는 일이라고 인식해야 한다. 다른 사람에게 감동을 주고, 지혜를 주었다고 내게도 똑같을 거라는 법은 없다. 아니, 오히려 사람마다 각자의 배경이 다른 만큼, 다르게 느끼고, 다르게 받아들이는 게 당연하지 않을까?

책을 읽는 데는 적게 잡아도 몇 시간의 노력과 집중이 필요하다. 그럼에도 왜 5분간 책을 읽는 목적을 생각해 봄으로써, 몇 시간의 내 독서시간을 더 가치 있게 만들려 하지 않는가?

목적지가 분명하면 결코 중도에서 길을 잃지 않는다. 목적을 염두에 두고 책을 읽을 때, 더 이상 수동적인 관람자가 아닌 능동적인 참여자로서 독서에 참여하게 된다.

내 관심 분야에서
시작하자

　무엇을 알고 싶은지를 아는 사람은 결코 책 읽기를 포기하지 않는다. 어떤 경우에 책이 내게 와닿을까? 마치 지금 내 심정을 알고 있는 듯이, 내 문제를 자기도 고민하고 있으며 그 해법을 알고 있다는 듯한 책을 만날 때이다. 이런 책을 만나면 자기도 모르게 무릎을 탁 치면서, 내심으로 쾌재를 부르곤 한다. 공감으로 위로를 받던지, 문제에 대한 해결책을 찾든지 간에. 이럴 때 나는 '어쩌면 이렇게 내 마음을 잘 알까? 어쩌면 이다지도 나와 같은 문제로 고민을 할까?' 마치 동지를 만난 듯이 기쁘기 그지없다.

　무슨 책을 읽을지 몰라 고민하는 사람들이 생각 외로 많다.

이런 고민은 매우 필요한 고민이다. 내 아까운 시간과 정성이 들어가는 일인데 그만한 고민조차 하지 않으면 그게 오히려 이상한 일 아닐까? 하물며 오늘 점심 한 끼에 대해서도 고민하면서 말이다! 이럴 때 내게서 멀리 있는 주제는 '아직 나와 연이 닿지 않는다' 여기는 자세가 필요하다.

왜 읽는가? 내가 필요한 것을 얻기 위해서다. 지금 내가 관심을 가지고 있는 주제가 무엇인가? 지금 내 문제를 해결할 실마리를 주는 책이 무엇인가? 지금 나의 일, 사람관계, 내가 처한 상황에서부터 독서를 시작하자.

무심코 고른 책의 내용이 와 닿아 감동을 주는 경우도 있을 수 있다. 그러나 지금 내게 도움이 되는 책을 읽을 때야말로, 독서가 진정한 내 친구요 스승이 되는 순간이다. 아무리 좋은 책이라 하더라도 내게 와닿지 않으면 소용이 없다. 사랑을 모르는 사람에게 '러브스토리'가 감동을 줄 리 없고, 무미건조하게 살고 있는 사람에게 논어가 지혜를 일깨울 리는 없다. 지금 내게 절실하게 와닿는 책이 내게 가장 필요한 책이다.

일에서 성과가 필요한 경우라면, 나의 일과 관련된 책부터 시작하자. 책을 통해 지식과 기술을 배우고 익혀서 성과를 내자. 이것보다 더 독서열(讀書熱)을 일으키는 방법이 또 있을까? 사람관계로 인해서 힘이 든다면 심리, 소통, 대인관계 서적을 펼치자. 나 혼자만 겪고 있는 일이 아니고, 내가 처음 겪는 사람도 아니다. 정말 기막힌 해결책이 책 속에 있다. 돈 문제로 고민이 많다면, 내게 맞으면서 당장 실천할 수 있는 재테크 책이 나를 위해 기다리고 있다. 나는 눈을 부릅뜨고 내게 맞는 방법을 골라 착실하게 따라 하면 된다.

이보다 더 내게 적합한 정보와 지식이 어디에 있는가? 호기심이든 자기계발이든, 위로와 공감이든 삶의 의미추구이든 상관이 없다. 지금 내가 읽어야 할 책은 내게 가장 절실하게 도움을 주는 책이다. 인류의 위대한 지성들이 내가 지금 겪고 있는 문제를 겪으며 깊게 고민하고 그 해결책을 제시해 주고 있다. 이들의 지혜를 이용하지 않을 이유가 어디 있단 말인가?

시간에 쫓겨 바쁘기만 할 때, 나는 시간관리 책에서 도움을 받는다. 사람 때문에 힘이 들고 스트레스받을 때, 사람의 심리와 소통을 다루는 책에서 새로운 해법을 모색한다. 내가 찾기만을 기다리는 효과적이고 현명한 지혜가 한가득 나를 기다리고 있다. 내가 해야 할 일은 마음을 열고, 진지하게 저자와 대화를 나누면서 듣고, 배우고, 실천하는 일뿐이다.

누구나 상대가 나를 인정해 주면 기분이 좋아진다. 누가 나의 말에 가만히 귀 기울여 주면 상대에게 호감을 가지게 된다. 책 역시 마찬가지이다! 나의 문제, 고민, 나의 생각과 감정을 털어 놓으면 책이 정답게 내게 말을 건넨다. 내 마음을 여는 일은 나와 상관있는 일일 때 가능하다. 독서가 단지 나와 무관한 사람들의 얘기가 아니다. 나와는 전혀 무관한 별천지의 얘기만도 아니다. 우리 모두의 이야기이며, 바로 나의 이야기이다!

책을 나의 친구로, 나의 스승으로 만드는 방법은 내가 관심 있는 분야에서 시작하는 것이다. 아무리 좋은 양서라도 내가 마음을 두지 않으면 지루하다. 세상 없는 지혜를 적은 놓은 책이라도 나와 상관이 없다면 흥미가 일지 않는다. 나의 일, 사람 관계, 현실 문제, 내 삶이 끊임없는 사건과 상황의 연속이다. 조금만 생각해 보면 내가 지금 무엇에 관심이 있는지 알 수 있다.

무슨 책을 읽을까? 온라인으로 베스트셀러를 뒤지고, 남에게 묻고, 신문에서 추천하는 도서를 찾아보기도 하면서, 정작 책을 읽는 주체인 내 자신에게는 왜 묻지 않는가? 내게 가장 좋은 책은 지금 내가 관심을 가지고 있는 주제를 다루는 책이다.

나는 요즘 또다시 '생각'에 대해 관심이 부쩍 높아졌다. 지금 내가 읽는 책은 루트번스타인 부부의 『생각의 탄생』이다. 생각하면서 읽고 읽으면서 다시 생각한다. 자연스럽게 나는 책 속으로 빠져든다. 지금 내가 관심이 있으니 공감이 가고, 공감이 가니 책의 내용을 따라 해보고 싶다. 책과 내가 따로 있는 게 아니라, 서로 대화하고 있다고 느끼게 된다. 내가 책에 묻고 책이 내게 말을 걸어온다. 누가 뭐라 해도 지금 이 순간 이 책보다 내게 더 유익한 책은 없다.

지금 내 관심 분야에서 시작하고, 관련 영역으로 조금씩 확장해 가자. 꼬리에 꼬리를 무는 독서는 이렇게 시작된다! 내 관심에서부터 시작할 때, 오래 지속할 수 있다!

다양한 분야를
폭넓게 두루 읽자

지식은 상호 연결되면서 폭발력을 가진다. 앞 장에서 "읽는 목적을 명확히 하고, 내 관심사에서 시작하는 것이 좋다."고 말했다. 이렇게 독서를 시작했다면, 내 관심사를 확장하기 위해서는 다양한 분야를 두루 읽어야 한다. 깊게 파기 위해서는 넓게 파기 시작해야 한다. 무슨 일이든 깊이에 이르기 위해서는 넓이에서 시작하지 않을 수 없다. 지식에 지식을 적용하고, 한 지식을 다른 지식과 연결할 때 새로운 지식이 탄생한다.

모든 독서는 내 삶을 위한 노력이다. 문학 · 사학 · 철학으로 인간에 대한 이해를 높이고, 인간 본성을 배우자. 문학은 인간의 본성을 밝히는 이야기이다. 등장인물의 사고방식, 행동방식을 이해하려고 하면서 인간에 대해 배우자. 사학은 인간행동에 대한 보고서이다. 왜 그렇게 행동했는지? 어떤 결과를 가져왔는지? 지금 내 현실에서 어떤 의미가 있는지? 인간의 심리와 행동을 배우고 이해함으로써 내 자신에 대한 이해를 깊이 있게 만들자.

철학은 진리에 대한 탐구이자, 인간 지성에 대한 탐구이다. 나는 누구인지? 어떻게 살고 싶은지? 행복이 무엇인지? 인간의 힘을 능가하는 핵무기와 AI는 어떻게 다루어야 하는지? 인간이 추구하는 가치에 대한 고찰을 담고 있다. 과학은 자연에 대한 이치와 원리를 밝히는 글이다. 지구에 생물이 어떻게 생겨나고 진화했는지? 진화에 따른 인간의 신체적, 정신적 변화는 무엇인지? 과학탐구를 통해 인간이 어떻게 자연을 극복해 왔는지? 과학을 통해 의식의 지평을 넓혀나가자.

문화와 예술은 내 삶과 동떨어져 있거나 나와 별개의 영역이 아니다. 내 삶을 풍요롭게 해주는 소중한 선물이다. 무엇이든 아는 만큼 보이고 보이는 만큼만 즐길 수 있다. 음악을 그냥 듣는 것도 좋지만, 즐기는 법을 배우고 알게 되면 한층 더 삶이 풍요로워진다. 예술이 미술관과 전시회에만 있는 것은 아니다. 내가 모처럼 옷을 차려입고 출근하는 것에도, 집 안 분위기를 바꾸기 위해 꽃 한 다발을 식탁에 준비하는 것에도, 친한 사람의 생일에 정성 담긴 카드 한 장을 준비하는 것에도, 이 모두가 예술이 아닌 것이 없다. 내가 준비하고, 접하고, 즐기려는 만큼 문화와 예술이 내게로 다가온다.

인문학, 과학, 문화예술이 모두 내 삶을 풍요롭게 만들어 준다. 왜 차별하고 편애하려 하는가? "최악의 과학자는 예술적이지 않은 과학자이고, 최고의 예술가는 과학적인 예술가이다."라고 파스칼이 말하지 않았던가!

바야흐로 연결의 시대, 융합의 시대, 융섭의 시대이다. 잡스가 인문학 지식으로 애플을 도약시키고, 대니얼 카너만이 행동경제학으로 인간의 행동을 경제원리로 해석하는 시대이다. 시(詩)만 읽고 시만 쓰려 한다고, 시를 잘 쓸 수 있는 것은 아니다. 공학도라 하여 공학지식만 죽으라고 쌓는다면 인간미가 없다는 평을 들을지도 모른다. 모든 지식은 서로 연결되어 있다. 그 이유는 모든 지식이 인간에 의해, 인간의 필요에 의해, 인간을 위해 만들어지기 때문이다.

지식은 응용과 활용의 범위가 매우 넓다. 어제 읽은 논어의 한 구절을 오늘 미술작품에서 느낄지도 모른다. 언젠가 읽은 생명연구에 관한 글이 오늘 내가 접종하는 백신에 대한 안정감을 줄지도 모른다. 별생각 없이 읽은 사기의 한 구절이 오늘 내가 겪는 고통의 의미를 되새겨 줄지도 모른다. 마중물이 없이는 우물물을 길어 올리지 못한다. 최소한의 지식을 갖추어야 호기심이 생기고, 우연히 떠오르는 아이디어를 발전시켜 나갈 수 있다.

얼마나 많은 발견과 해결책이 전혀 상관없는 분야의 지식에서 나왔는가! 다이슨의 진공청소기는 제재소의 톱밥처리기에서 나왔고, 탄소섬유는 거미줄 연구에서 나왔다. 철학이 예술의 새로운 지평을 열고, 예술이 과학에 영감을 준다. 이런 일은 그냥 저절로 일어나지 않는다. 주체인 내가 의식적으로 두루 읽고, 연결하려는 노력에 의해 이루어진다.

지금 경영에 관한 책을 읽고 있는가? 다음에는 의식적으로 역사책을 읽어보자. 경영의 관점에서 역사를 살펴보고, 역사 속에서 경영 마인드를 파악해 보자. 오직 찾고자 하는 사람에게만 문이 열리는 법이다.

나는 요즘 인문학책을 많이 읽고 있다. 그래서 의식적으로 오주석의 『한국의 미』를 같이 읽으며 예술에서 인문학 정신을 느끼려고 노력하고 있다. 과학을 과학으로만, 인문학을 인문학으로만 보는 안목은 너무 편협하다. 과학에서 예술을 보고, 인문학에서 과학을 읽을 수 있어야 한다.

경영 분야에 몸담고 있는가? 인문학책을 더 가까이하자. 엔지니어링 분야에서 활동하고 있는가? 문화예술을 더 자주 가까이 접하려 노력하자. 여러 분야로 쪼개져 있는 지금의 지식은 누군가의 필요에 의해서 나누어져 있을 뿐, 모든 지식은 태생적으로 서로 연결되어 있다. 마음껏 상호연결할 자유가 우리에게 있다. 깊어지기 위해서는 먼저 넓어져야 한다!

독서 관련 책을 읽으며
내 독서열에 불을 지피자

　독서를 하다 보면 다른 사람들은 무엇을, 어떻게 읽을까를 궁금해하게 된다. 자기만의 속도와 방법으로 독서를 하는 경우가 많으므로, 이럴 때 독서에 대한 책을 읽으면 많은 도움이 된다. 독서를 하게 된 동기를 알 수 있고, 무슨 책을 어떻게 읽어왔는지, 때론 자기만의 독서법을 알려주기도 한다. 무엇보다 독서 관련 책을 읽는 동안, 내 안에서 잠자던 독서열을 다시 일깨울 수 있어 좋다. '이 사람은 이렇게 치열하게 읽고 있구나! 이 사람은 벌써 저 수준에 이르렀구나! 미처 내가 몰랐던 이런 방법도 있구나!' 한마디로 독서에 대한 내 인식의 지평을 넓히는 계기가 된다.

책을 읽게 된 계기가 정말 다양하다. 왜 독서 관련 책을 읽는 것이 도움이 될까?

첫째, 어릴 때부터 책이 좋아서, 책이 현실을 벗어나게 해줘서, 책을 읽지 않으면 도태될까 걱정이 돼서, 책을 통해 내 꿈을 실현하고 싶어서, 여러 동기 중에서 가장 바람직하거나 가장 높은 동기란 없다. 사람들이 정말 다양한 계기로 책을 읽고 있다는 것을 알게 되면, 지금 책을 읽고 있는 나의 동기 역시 가치 있게 여기게 된다. 내 동기를 더욱 심화시키거나 승화시켜 독서에 대한 열정을 보다 뜨겁게 키우기도 한다.

둘째, 내게 도움이 되는 책을 많이 알게 된다는 것이다. 독서에 대해 일가견이 있거나 독서를 즐기는 사람들이 쓴 책이므로, 책의 내용이나 부록에 추천도서를 써두는 경우가 많다. 더군다나 어떤 사람에게 도움이 되고, 자신에게 어떤 도움을 주었는지를 소개하기도 한다. 저자의 주장에 공감이 간다면 추천도서를 한번 살펴보는 것도 큰 도움이 된다. 나와 맞지 않는다고 느끼는 경우라도, 그냥 가볍게 몇 권만이라도 살펴보기를 추천한다. 각자의 생각과 정서는 다르지만, 저자가 추천한 도서라면 필시 그럴만한 가치가 있다고 여기며 찾아 읽어보도록 하자.

셋째, 지금까지 내가 미처 알지 못했던 독서기술이나 방법을 알게 되는 이점이 있기 때문이다. 다양한 독서기술이 있고 그 활용 면에서는 더욱 다양한 방식으로 응용되고 있다는 것을 알게 된다. 지금 나의 방식에 장단점이 있고 적합한 분야가 있듯이, 저자의 독서방식 역시 장단점이 있다. 새로운 독서방식을 배우고 익히기를 주저하지 마라. 우리가 책을 읽는 주된 이유 중 하나가 무언가를 새롭게 배우기 위함이 아닌가? 그러므로 더더욱 독서기술을 갈고 닦으려는 마음을 가져야 한다. 혹 아는가? 저자의 독서방식이 내 방식과 연결되고 접목돼서 지금 내 독서방식을 한층 더 발전시킬는지?

넷째, 동료의식을 느낀다는 점이다. 한 번도 만나보지 못했을 수도 있고, 이름조차 처음 들어보는 저자일 수도 있다. 그러나 책을 사랑하는 사람을 만난다는 자체가 흐뭇하고 기쁜 일이다. 이 세상에 많고 많은 것들 중에서, 책이란 세상을 나처럼 좋아하고, 가치 있게 여기는 사람을 만난다는 것은 마음 맞는 동지를 만나는 것과 진배없는 일이다. 서로 격려하고 존중하는 마음을 가지자. 자신의 진정성을 가득 담은 저자의 책 탐험을 만나면, 내 가슴도 활짝 열고 싶어진다. '당신도 그러한가? 어쩌면 그리 나와 같이 느끼는가? 당신도 책이 싫어지고 멀리할 때가 있었단 말인가?' 나 역시 그런 적이 한두 번이 아니었다. 그래도 다시 이렇게 책을 읽을 수 있으니, 이 얼마나 축하할 일인가!

책을 꾸준히 읽고 즐기는 사람만큼 정직한 사람도 없다. 꾸준한 독서가 자연스레 사람을 그렇게 만들기 때문이다. 무슨 목적으로 책을 접하게 되었더라도 꾸준히, 다양하게 책을 읽어왔다면 나와 더불어 얘기를 나눌만한 사람이고, 나와 통하는 바가 있는 사람이 아닐까!

술을 좋아하는 사람은 상대방이 술을 좋아하면 더 호감을 느
낀다고 한다. 책을 좋아하는 사람은 버스에서, 지하철에서, 카
페에서, 공원에서 손에 책을 들고 있는 사람을 보면, 절로 미소
가 지어지고 반갑게 여겨진다. 실례가 아니라면 말이라도 걸어
보고 싶어진다.

책을 좋아하시는군요! 저도 정말 좋아합니다. 좋은 책 많이
읽으시고, 즐겁게 사시기를 진심으로 기원합니다! 독서 관련
책을 읽으며 저자의 독서열을 내게로 옮겨 붙이자!

고전을 어떻게
대할 것인가?

책을 읽으려고 큰 결심을 하면서, 많은 사람들이 좋다고 하는 고전을 찾는 경우가 흔하다. 처음 한 페이지를 끈기와 인내로 버텨보지만, 내게 와닿지 않기에 오래 계속 읽지는 못한다. 이럴 때 '나는 독서와 맞지 않는 게 아닐까? 지금 내 수준으로는 독서가 어려운 게 아닐까?' 자연스레 이런 부정적인 생각이 떠오르게 된다. 그러나 이런 일은 어찌 보면 당연한 일이다. 걷지도 못하면서 뛸 수는 없는 노릇이 아닌가!

책을 좀 읽었다 하는 사람들, 소위 지식인이라는 사람들이 추천도서 목록에는 반드시라고 할 만큼 고전이 포함되어 있다. 필자에게 몇 권을 추천해 달라고 하더라도 고전은 분명히 포함

될 것이다. 그러나 고전이란 '누구나 읽어야 하지만 아무도 읽지 않는 책'으로 불릴 만큼 탐험하기가 어려운 고산준령(高山峻嶺)이다. 해박한 지식과 풍부한 경륜 없이는 누구도 고전에서 지혜를 얻기란 쉬운 일이 아니다. 왜 고전이라 불리고, 그토록 오랜 시간을 견딜 수 있었겠는가? 시대정신과 인간 본성을 담고 있기 때문이 아니겠는가! 몇백 년 몇천 년을 지나면서도 여전히 인류에게 보석 같은 지혜를 들려주기 때문이 아니겠는가!

시 한 편 이해하지 못한다고 자신이 시적 감각을 타고나지 않았다고 스스로를 탓하지는 않는다. 고전을 이해하지 못한다하여 독서에 재능이 없다 여겨서는 안 된다. 언제 고전을 읽느냐가 중요한 게 아니며, 고전을 읽었느냐가 중요한 게 아니다. 꾸준히 책을 읽어가다 보면 반드시라고 해도 좋을 만큼 고전을 만나게 되는 순간이 온다. 나의 사고와 의식이 성장해감에 따라 자연스럽게 고전으로 향하기 때문이다. 이때서야 고전에 도전해 볼 수 있다. 이때라야 고전이라는 산맥에서 지혜라는 보물을 발견할 수 있다.

지금 시도해 보아 어렵게 느껴지는 고전이라면 잠시 내려놓고 물러서자. 어쩌면 올라야 할 산이 있다는 것은 기쁨일 수 있다. 도전할 대상이 있다는 것은 얼마나 우리 삶에 활력을 불러일으키는가! 지금까지 얼마나 많은 시간을 무료하게, 의미 없이 보내어 왔는가? 배우고 익혀서 도전할 목표가 있다는 것은 축복이다. 꼭 지금 당장 이해하고 깨달아야 되는 것은 아니다.

지금이 아니라고 앞으로도 영영 안 되는 것도 아니다. 두고두고 시간과 정성을 쏟으면서 천천히 그러나 꾸준히 나아가면 된다. 언제고 반드시 고전에서 기쁨을 느끼는 순간을 맞이하게 되리라!

고전을 내 독서생활의 척도로 삼아도 좋다. 책을 읽는 중간중간에 예전에 어렵게 느꼈던 고전에 도전하면서 나의 지적 성장을 점검해 보자. 어느 순간 무릎을 탁 치고, 손뼉을 짝 부딪치는 순간을 맞이할지도 모른다. 머리가 환하게 열리고, 가슴이 기쁨으로 차오르는 절정을 맛보게 될지 모른다! 이런 기대가 있다는 것만으로도 고전은 가치가 있는 게 아닐까!

어쩌면 삶이란, 내가 쏟는 시간과 정성만큼만 내게 의미를 부여해 주는 건 아닐까? 내가 이 책에 쏟은 시간과 노력만큼 내게 의미 있게 다가오는 것은 아닐까! 그렇다면 더욱 나의 시간과 정성을 쏟을 일이다. 물러서거나 포기하는 대신, 내 시간과 정성이 부족하다고 스스로 느끼고 있다면, 이미 고전을 대할 마음의 준비는 끝난 것이나 마찬가지이다. '누구나 읽어야 하지만, 아무도 읽지 않는 책'을 내 손에 쥐고 있다는 사실만으로도 그 의미가 생기는 게 아닐까?

고전에 대한 해설서, 입문서, 청소년판은 읽을 가치가 없다고 하는 이들이 있다. 그러나 필자의 생각은 조금 다르다. 산을 오르는 길이 어찌 하나뿐이겠는가! 왜 다른 이가 이미 만들어둔 길로만 가야 한다 여기는가? 중요한 것은 내가 무엇을 느끼고,

깨닫느냐가 아닐까! 다양한 방법으로 고전에 도전해 볼수록 깨달음의 넓이와 깊이가 그윽해지는 게 아닐까! 삶에 정답이 없듯이 고전을 읽는 방법에 정해진 단 하나의 길이란 없는 게 아닐까! 세상에는 수많은 저마다의 해답이 있듯이, 독서에는 오직 자신만의 고유한 해석이 있을 뿐이 아닐까!

노자의 『도덕경』을 통해 내가 배운 것은, 이득을 바라지 않기에 아무것도 행하지 말라는 의미에서의 무위가 아니다. 무위가 내게 가장 이롭기 때문에, 무위로써 내 이득으로 삼으라는 깨달음이었다! 고전을 고전답게 만드는 것은 천편일률적인 잣대가 아니라, 읽는 사람의 숫자만큼이나 다양한 자기만의 해석이 가능하기 때문이 아닐까!

고전을 만날 때가 무르익기를 기대하면서 꾸준히 책을 읽자. 고전이라는 험준한 산맥을 향해 쉼 없이 나아가자!

3장

어떻게
읽어야 하는가?

—

Invitation
To
Read

—

질문을 하면서
읽자

질문을 생각하며 듣는 학생과 그냥 듣기만 하는 학생의 이해 정도가 다르듯이, 질문을 가지고 책을 읽는 사람과 수동적으로 읽기만 하는 사람은 책을 읽는 태도부터가 다르다. 그것도 아주 많이 다르다. 왜 질문하면서 읽어야 할까? 질문은 내 호기심의 발로이며, 내 의지의 표출이고, 내 생각의 시발점이 되기 때문이다.

그렇다면 우리는 무엇을 물어야 할까? '무엇을 다루고 있는가? 어떻게 다루고 있는가? 핵심 논지와 논점은 무엇인가? 주장의 근거는 타당한가? 그 의미는 무엇인가? 왜 그렇게 주장하는가?' 책을 읽는 목적과 분야에 따라 다를 수 있지만, 책을 읽으면서 혹은 책을 읽은 후에 반드시 물어야 할 중요한 질문들이다.

'무엇을 다루고 있는가?'를 물으면 책을 읽기 전에, 책을 읽으면서 해당 주제에 대한 자신의 지식과 경험을 떠올릴 준비를 한다. 나의 지식, 경험과 연결시킬수록 이해가 넓고 깊어진다. 읽고 나서도 해당 주제에 대한 나의 안목과 지식이 성장했음을 느낄 수 있다. '어떻게 다루고 있는가?'하는 질문을 던지면 저자의 주장과 논점을 파고들게 된다. 한마디로 핵심키워드를 놓치지 않게 된다. '책의 내용이 타당한가? 왜 그렇게 주장하는가?'를 염두에 두면 저자의 근거가 믿을만한가를 비판적으로 수용하게 된다.

이런 질문을 통해 나의 이해와 지식이 넓고 깊어지는 것은 물론이고, 이 책의 내용과 반대되는 주장을 하는 책과의 비교를 통해, 내 지식의 깊이를 더할 수 있다. 또한 관련이 부족한 근거, 불합리한 근거, 전체가 아닌 부분적인 근거를 들고 있는 건 아닌지 질문함으로써, 스스로의 판단력을 키우게 된다. 질문이 없이 읽을 때는 책의 내용을 수동적으로 수용 할 뿐이지만, 스스로 질문을 던짐으로써 비판적 태도로 지식을 흡수하게 된다.

질문 중에서도 '의미가 무엇인가?'하는 질문이 가장 중요한 물음이다. 책의 의미는 저자가 내게 줄 수 있는 것이 아니다. 설령 줄 수 있다고 하더라도 사양하고, 스스로 찾아내야 한다. 책의 의미마저 저자에 의지하려 해서는 안 된다. 그럴 경우 내 시간과 정성을 들여 책을 읽은 의미가 퇴색된다.

어떤 의미를 발견하든 나 스스로의 힘으로 찾으려 해야 한다.

남들과 다른 의미를 찾아도 아무 문제가 없다. 아니 오히려 자기만의 의미를 발견하는 것은 권장할 만한 일이다! 질문은 책에 대한 나의 관여도를 높게 만든다. 저자의 생각만을 쫓는 수동적 태도에서, 나 스스로 참여하는 능동적 태도로 변화시켜준다.

질문은 한 번으로 끝나지 않는다. 하나의 질문이 꼬리를 물면서 다른 질문을 이끌어 낸다. 이렇게 내 생각이 발전한다. 이것이 사고력 향상이 아니면 무엇인가! 사고력 향상 기법을 가르치고, 훈련을 시행하는 기관이 주변에 많이 있다. 그만큼 사고력이 중요하기 때문일 것이다. 그러나 아직 사고력을 탁월하게 향상시켜 주는 기법이 있다는 말은 들어보지 못했다. 더군다나 일부 약간의 분야에서 일부 효과가 있다 하여, 모든 사람들에게 폭넓게 통용되는 것은 더더욱 아니다.

사고력이란 결국 자기 스스로 생각할 수 있는 능력이며, 책을 읽으면서 스스로 질문을 던지는 것보다 더 나은 방법은 없다. 얼마나 많은 사람들이 질문을 던지며 책을 읽는 과정을 통해 스스로 생각하는 힘을 길러왔는가! 나폴레옹은 전쟁 중에도 책을 읽으면서 승리를 만들어 갔고, 정약용 선생은 유배지에서도 책을 읽으며 수많은 명작을 남겼다. 빌 게이츠는 책벌레로 동네 도서관의 책을 전부 읽었으며, 워렌버핏은 글자중독자라고 스스로 고백하고 있다. 이 사람들이 과연 질문을 품지 않고 그냥 책을 읽기만 했을까? '자기의 생각을 발견한다, 자기 생각을 발전시킨다.' 여기고 책을 읽어가지 않았을까? 그랬기에 자기만의 해답을 찾을 수 있었던 것은 아닐까!

어쩌면 책을 읽는 일이 질문을 가지기 위한 것일지도 모른다. 모르던 것을 알게 되는 데서 그칠 게 아니라, 새로 알게 된 지식에 다시 질문을 던짐으로써 생각이 더욱 깊어지는 게 아닐까?

나를 대신하여 질문을 할 수 있는 사람은 없다. 설혹 있다 하더라도 그 질문은 내게서 우러나온 간절한 나의 질문이 아니다. 질문을 통해, 책을 읽기만 하는 수용자, 소비자에서, 책에 적극적으로 참여하는 참여자, 지식 생산자가 되자! 질문을 많이 던질수록, 내가 품은 질문의 수준이 높을수록 내가 성장할 수 있다.

한 권의 책에서 내게 의미 있는 질문 한 가지를 찾고 있는가? 책이 내게 던지는 질문에 답하고, 다시 그 책에 나의 질문을 던지고 있는가! 헤르만 헤세의 『데미안』을 읽는 동안, 책이 나에게 "알에서 깨어나기 위해 나 스스로 무엇을 하고 있느냐?"고 물어왔다. 나는 "내 방식대로 살기 위해 도전하고 있다"고 대답했다. 그리고 내가 다시 책에 물었다. "나답게 사는 것이 과연 무엇이냐고? 무엇이 나를 나답게 하느냐고?"

이렇게 책을 읽는 동안 우리는 서로에게 묻고 답하며 대화를 나누었다. 때론 점잖게 때론 신랄하게!!! 질문을 하면 집중하게 되고 이해가 넓고 깊어진다. 질문하며 읽으면서 내 생각을 떠올리고, 생각이 다시 질문을 부르게 하자!

책을 고르는
안목을 기르자

내게 맞는 책, 도움이 되는 책, 필요한 책을 찾고, 만났을 때의 기쁨은 이루 말할 수 없을 만큼 크다. 살아가면서 뛸 듯이 기쁜 순간이 얼마나 되는가? 내게 맞는 책과 만났을 때의 기쁨이 바로 그 순간이 아니겠는가! 내게 좋은 책을 만나기는 쉽지 않다. 그런 행운이 내게 저절로 오기란 매우 어렵다는 것은 인식하고, 보다 적극적으로 책을 찾아 나서자.

온-오프라인 서점은 물론이고 신문, 책 소개 커뮤니티, 북튜브에서도 정말 좋은 책이라며 앞다투어 선전을 하고 있다. 때로는 정말 아무 생각 없이 그들의 광고성 메시지를 믿고 싶을 만큼, 내게 좋은 책에 대한 목마름이 크다. 그렇기에 그렇게 많은 책 관련 선전하는 곳이 번성하고 있는 게 아니겠는가!

근본적으로 어떤 책을 읽어야 하는지는 전적으로 자신의 몫이라 여겨야 한다. 설령 누군가의 추천으로 그 책에서 감명을 받은 경우가 있다 하더라도, 요행히 그 책을 읽은 나의 당시 상황과 들어맞았을 뿐, 같이 사람이 또다시 다른 책을 추천하더라도 이전 책처럼 큰 감동을 받을 확률은 매우 낮다.

필자가 택하고 있는 책 고르는 안목을 키우는 방법을 몇 가지 소개한다. 책을 고르는 원칙이 아니라, 좋은 팁 정도로 생각해 주기 바란다. 첫째, 지금까지 읽은 책의 절대량이 중요하다. 간단히 말해서 다양한 분야의 책 100권을 읽지 않고서, 책을 고르는 안목을 높이기는 불가능한 일이다. 그러므로 독서 초기에 분야나 수준에 상관없이 두루 100권의 책을 섭렵하면서 차츰 나의 안목을 길러가야 한다.

둘째, 내게 울림을 주는 분야나 저자의 책을 찾아 몇 권 더 읽자. 다양한 분야의 수많은 책 중에서 우연히 만나게 된 책을 소홀히, 그냥 우연으로만 지나가게 두지 말자. 관련 분야나 저자의 책을 몇 권 더 읽어보면 자신의 성향, 자질, 수준을 알 수 있어 책을 보는 안목이 높아지게 된다.

셋째, 주기적으로 지금까지 읽어온 책들을 점검하면서, 의식적으로 낯선 분야의 책에 도전해 보자. 분기나 반기 단위로 내가 그동안 읽어왔던 책들을 점검해 보면, 한 분야나 유사한 주제의 책으로 편중되어 있다는 것을 발견하는 경우가 많다. 이런 일은 자연스러운 현상이다. 무엇이든 자신이 좋아하고, 익숙한 쪽으로 쉽게 손이 가고, 눈길이 가기 때문이다.

그러나 한 분야의 전문인을 목표로 하는 독서가 아니라면 다양한 분야를 두루 섭렵하는 것이 여러모로 훨씬 더 유용하다. 의식적으로 지금과는 다른 분야, 낯선 주제를 읽으면, 새로운 관점을 얻을 수 있을 뿐만 아니라, 모든 지식이 상호연결되어 있다는 통찰을 얻을 수 있다. 이 과정을 거치면서 어떤 분야의 책이든 책을 보는 안목이 길러진다. 거듭 강조하지만, 내게 맞는 좋은 책을 만나기란 드물고 어려운 일이다. 그러므로 의식적인 노력이 필요함을 인식하고, 좋은 책을 찾기 위해 노력하는 것이 가장 중요하다.

그리고 무엇보다도 어떤 책이 내게 좋은가? 라는 자신만의 기준을 세우는 일이 중요하다. 남들이 아무리 베스트셀러, 스테디셀러, 명작이라고 해도 내게 맞지 않는다면 나의 고전은 아니기 때문이다. 더불어 똑같은 책이라도 나의 상황과 수준에 크게 영향을 받는다. 지금 감명 깊게 읽은 책이 나중에도 같은 감동을 준다고 보장할 수 없고, 지금은 그냥 고만고만한 책이라 느꼈는데 어느 순간 가슴을 치고, 머리를 때리는 도끼가 되는지 알 수 없다.

꾸준히 읽다 보면 자연스레 책을 고르는 안목이 높아지고, 좋은 책도 만나게 되고, 어떤 책에서도 내게 의미 있는 지혜를 길어 올리는 역량이 생기는 게 아닐까! 아는 만큼 보이고 보이는 만큼 즐길 수 있다. 책에 대해 먼저 알려 하자. 책 고르는 안목을 키워 독서의 즐거움을 배가시키자!

저자의 사고방식과
사고수준으로 읽자

대부분의 경우 해당 주제에 대해, 저자의 안목이 나의 안목보다 높다 여긴다. 그러나 꼭 나보다 높은 안목에서만 배울 수 있는 것은 아니다. 나와 다른 안목으로부터 배울 줄 알아야 한다. 책에는 저자의 치열한 고뇌와 뜨거운 열정이 고스란히 담겨 있다. 내가 건져야 할 보물은 책의 내용만이 아니라, 저자의 사고방식과 사고수준이다.

저자의 생각 그 자체를 배우려 해야 한다. 왜 저자는 이런 생각을 했을까? 어떻게 해야 내가 저 수준에 이를 수 있을까? 저자의 안목으로 지금 내 문제를 바라보면 어떻게 해결해 나갈까? 비록 저자의 안목에 이르는 길이 어렵고 험난한 길이라 하더라도, 책을 쓴 저자의 열정과 노고를 염두에 두고 과감하게 도전해야 한다.

한편으로는 편안한 마음을 가질 필요가 있다. 조금 못 미치면 어떤가? 최소한 저자의 안목에 이르기 위해 노력하고 있지 않은가? 이번이 아니면 어떤가? 계속 시도하다 보면 결국에 이르지 않겠는가!

책 속에는 저자의 고유한 사고방식과 사고수준이 고스란히 녹아 있다. 그냥 눈으로 읽기만 해서는, 책의 내용을 따라가기만 해서는 그 안목을 발견할 수 없다. 책을 쓴 글쓴이의 그 마음을 헤아리려는 태도와 열정으로 독서에 임해야 한다. 저자의 번민과 고뇌를 거치지 않고 태어난 책은 없다. 책을 읽는 사람으로서 최소한 저자의 그 마음에 도달하려는 의지와 열정을 가져야 하지 않을까?

당신이 어떤 심정으로 이 책을 썼던 나와는 상관없다. 내게 필요한 정보와 지식만 얻으면 그만이라는 태도로는 저자의 안목에 이르기는커녕, 저자의 안목을 간파하기조차 어렵다. 책을 거듭 읽음으로써 내용을 이해하고 어느 정도 내 것으로 만들 수 있을지는 모른다. 그러나 독서를 통해 나의 사고방식과 사고수준을 높이고자 한다면, 먼저 저자에게서 사고방식과 사고수준을 배우려는 마음가짐부터 갖추어야 한다.

어떤 심정으로 마키아벨리는 『군주론』을 썼을까? 그의 안목으로 이 시대를 바라본다면 지금 내 나라, 내 조직의 리더들에 무슨 말을 해줄까? 『종의 기원』을 쓴 찰스 다윈의 안목으로 현

인류를 바라본다면 우리는 지금 어디로 가고 있고, 어디로 가야 하는 걸까? 플라톤이 『국가』에서 제시하는 눈높이로 지금 우리의 정치체제를 살펴본다면 무엇을 바꿔야 하고, 누가 리더가 되어야 하는가?

한 번의 시도로는 결코 저자의 안목에 이르지는 못할 것이다. 어쩌면 끝내 그 사고방식과 사고수준에 이르지 못할지도 모른다. 그러나 그 눈높이 이르기 위해 끊임없이 도전할 수는 있다. 그리고 노력하는 한 이전보다는 분명히 한 단계 더 성장할 수 있다.

책에서 필요한 정보만을 얻으려는 태도와 저자의 안목을 배우려는 독서 태도는 깊이가 다르다. 책의 내용을 알았다고, 이해했다고 그저 기뻐하지 않는다. 저자의 그 치열한 고뇌를 헤아려 보려 한다. 그 심정으로 내 자신을, 우리 사회를 보려 한다. 이렇게 내 생각이 넓어지고 깊어진다. 이런 과정을 통해 내 의식이 성장하는 게 아닐까! 저자의 고갱이인 치열한 그 정신, 그 혼을 배우려 하지 않고, 남기고 간 찌꺼기인 내용에만 매달리고 있지는 않은가?

어떤 위대한 책이라 하더라도, 그것은 그 치열한 작가의 정신이 남겨놓은 찌꺼기에 불과하다. 저자의 정신을 뛰어넘는 저작물이란 있을 수 없다. 위대한 정신이 위대한 책을 낳지, 왜소한 정신이 위대한 책을 낳을 수는 없는 일이다. 독자가 결국 이르러야 할 목적지는 저자의 사고방식과 사고수준이지 책의 내용이 아니다.

어떻게 저자의 지고한 안목에 도달할 수 있을까? 나 역시 그 방법을 명확히 모른다. 아니 아직도 도전하고 있다는 말밖에는 달리할 수 있는 말이 없다. 여기 몇 가지 나의 도전을 적는다.

첫째, 저자가 무슨 심정으로 이 책을 썼는가를 깊이 생각하며 읽는다. 둘째, 얼마나 치열하게 자기 생각에 충실하게 살려 했는가를 헤아리며 읽는다. 셋째, 저자의 사고방식과 사고수준으로 내 현실을 바라보기 위한 태도로 읽는다.

다시 한번 말하거니와 지금의 내 모습은 이 정도 수준밖에 안 된다. 하지만 지금의 이 도전을 결코 멈추지 않을 작정이다. 어쩌면 '저자의 안목에 도달하느냐? 하지 못하느냐?'만큼 '도달하기 위해 얼마나 치열하게 노력하느냐?'가 더 의미 있는 건 아닐까! 평범한 우리가 그 위인들의 정신에 도전하고 있다는 사실만으로도 우리에게는 의미 있고, 값진 일이 아닐까!

나의 노력을 전하며 여러분의 건투를 빈다! 누구라도 나와 다른 시도를 하고 있다면 필자에게 알려주기 바란다. 서로에게 배우고 서로를 가르치며 더불어 성장하는 것이, 평범한 우리가 우리 삶을 보다 의미 있게 만들어 가는 일이 아닐까! 내 기존관점을 잠시 내려놓고, 저자의 안목으로 책 읽기에 도전해 보자!

책 읽는 시간만큼
생각하며 읽자

　남의 생각을 수용하고 따라 하기 위해 책을 읽는 것은 아니
다. 책의 내용은 저자의 상황에 맞는 것이지, 내 상황에 들어맞
는 것은 아니다. 책을 읽는 이유는 간접경험과 자기여과를 거
치면서, 내 생각을 발견하고 만들기 위해서이다. 생각만 계속
한다고 내 생각이 발전하는 것은 아니다. 그렇다고 생각 없이
읽기만 해서도 안 된다. 생각하며 읽고, 읽으며 생각해야 한다.
한마디로 사학상장(思學相長: 생각과 배움이 서로 발전시킨다)이다.
굳이 읽는 것과 생각하는 것의 우열을 가려야 한다면, 나는 생
각하는 것이 더 중요하다고 말하겠다.

　왜 내 생각을 발견하는 것이 중요할까? 나의 생각은 내 자신

과 밀접하게 연관되어 있기 때문이다. 나의 일에 관해서든, 사랑에 관해서든, 돈에 관해서든, 삶에 관해서든 내 생각이야말로, 바로 내 자신의 문제와 직결되기 때문이다. 독서는 나의 문제를 해결하기 위한 재료와 실마리를 제공할 뿐, 해답 그 자체를 제공하지는 않는다. 모은 재료와 실마리로 해답을 찾아야 하는 것은 오직 나의 몫이다. 소를 우물가로 끌고 갈 수는 있지만, 억지로 물을 먹일 수는 없다. 독서가 대단히 유익하고, 의미가 있는 것은, 나 스스로 생각하게, 깨어나게 일깨우기 때문이다. 무엇을 해야 하는지? 어떻게 활용해야 하는지를 생각하게 촉구하기 때문이다.

독서란 저자의 생각을 빌어와서 내 생각을 만들고, 발전시키는 행위여야 한다. 책을 읽고 배우는 이유는 내 현실을 문제의식을 가지고 바라보며, 개선하기 위함이다. 독서를 통해 내 생각을 발견하려 하지 않으면 나는 성장할 수 없다. 책을 읽으면서, 읽은 후에도 내 생각을 가다듬고, 발전시켜서 내 삶을 향상시키는 노력을 기울여야 한다.

대체 어떻게 해야 자기 생각을 발견할 수 있을까? 첫째, 자기 생각을 발견하려는 태도를 견지해야 한다. 읽기에만 급급해서는 안 된다. 감동을 느끼면 멈추고, 내 생각이 들 때는 생각에 깊이 잠겨야 한다. 책의 내용이 아무리 중요해도, 스토리가 아무리 궁금해도, 이런 순간에는 나의 감정과 생각에 집중해야한다. 내가 생각하는 동안 책의 내용이 다른 곳으로 도망가지 않는다. 조금 이따 다시 읽어도 책의 내용은 여전히 그대로이다. 그러나 내 느낌과 생각은 그대로가 아니다. 조금 전과 다르고, 지금이 다르고, 조금 이후가 다르다.

떠오르는 느낌과 생각을 붙잡지 않으면 금세 희미해지고, 사라져 버린다. 더군다나 멈추어 생각하지 않고 계속 읽어나가면, 내 생각도 다시 책 속에 파묻혀 버리고 만다. 결국 내 생각은 발견하지 못하고, 저자의 생각만 머릿속에 맴돌 뿐이다. 이런 방식은 수동적이며 피상적인 독서가 될 뿐이다.

둘째, 생각하기 위해 자주 책을 덮어야 한다. 내 생각을 발견하기 위해 의식적으로 자주 멈추어야 한다. 누구나 같은 텍스트를 읽지만 그 의미는 저마다 다르다. 누군가에겐 감동이고, 누군가에겐 교훈이며, 또 누군가에겐 동경이 될 수 있다. 글의 의미란 고정된 하나의 정답이 있는 게 아니라, 읽는 이의 고유한 해석이기 때문이다. 독서모임에서 같은 책을 읽고 토론을 하다 보면 얼마나 다양한 느낌과 생각이 있는지를 새삼 깨닫게 된다. "이야, 저렇게 생각할 수도 있구나! 저런 부분에서 저런 의미를 발견하는구나!" 내 느낌과 생각이 전부가 아니며, 얼굴 생김새만큼이나 다양한 느낌과 생각을 만나면서, 의미의 발견이란 결국 자기만의 해석임을 깨닫게 된다.

셋째, 책을 읽는 노력만큼, 내 생각을 발견하기 위해 시간과 정성을 투자하려 해야 한다. 책을 읽으면서 나는 무엇을 느꼈는가? 무엇을 생각했는가? 계속 내 생각을 만들어 가야 한다. 책의 내용은 잊어버린다 하더라도 언제라도 다시 들춰볼 수 있다. 그러나 똑같은 책을 몇 번을 읽더라도 내 생각이 같은 경우는 단 한 번도 없다. 책을 읽는 나의 태도, 나의 상태, 주변 여건 이 모두가 내 생각에 영향을 미치기 때문이다.

누군가는 생각을 하기 위해 밤을 지새우기도 하고, 아무도 없는 공간을 찾아다니기도 하고, 생각주간이나 특별한 시간을 가지기도 한다. 자기만의 생각법을 찾기 위해 모두가 애를 쓰고 있다. 독서를 지향하는 우리는 책을 읽는 동안만이라도, 자기 생각을 갖기 위해 애써야 한다.

생각이 떠오르는 즉시 읽기를 멈추고 그 생각을 붙들고 늘어지자. 생각에 생각을 덧붙이고, 다른 생각을 연결하면서 계속 내 생각을 발전시켜 나가자. 이미지로 형상화하고, 마인드맵으로 연결시키는 것도 좋다. 머리로만 생각하기보다는 오감을 총동원하여 생생하게 상상하고, 손으로 적으며 온몸으로 생각하려 하자. 이것으로 자연스레 생각연습과 사고훈련이 되지 않겠는가! 책을 읽으면서 내 생각을 발견하고, 발전시키는 과정이 동시에 진행된다.

나는 최진석 교수의 『탁월한 사유의 시선』을 하루 8시간씩 14일간을 꼬박 읽은 적이 있다. 책을 읽는 시간보다, 내 스스로 생각하는 시간이 몇 배나 더 길었다. 한 페이지를 넘기는 데 무려 1시간이 넘게 걸린 적도 있었다. 나중에 살펴보니 A4노트 32페이지에 내 생각이 빼곡히 적혀 있었다.

나는 책을 읽으면서 동시에, 나만의 책을 써 내려간 게 아닐까? 당신은 책을 읽으면서 자기 생각을 발견하기 위해 무엇을 하는가? 자기 생각을 발견하기 위해 얼마나 자주 책을 덮는가? 생각이 너무 많이 떠올라 책을 읽기 힘이 들 지경인가? 그렇다면 축하한다, 이제야말로 제대로 책을 읽으며 생각하고 있기 때문이다! 내 생각을 발견하려는 태도로 읽자. 독서는 나의 성장을 위한 시간이고, 사색은 나의 성숙을 위한 시간이 되게 하자!

의식적으로
나와 연관시키며 읽자

　독자를 염두에 두고 집필한 경우라 하더라도, 책은 저자 고유의 생각과 느낌을 적어놓은 글이다. 다시 말해서 나의 지식과 경험과는 관계없이 쓰인 글이란 의미이다. 그러므로 자칫하면 책의 내용과 읽는 내 자신이 관계를 맺지 못하고 따로 흘러가는 경우가 생긴다. 한마디로 '책은 책이고, 나는 나다'는 식의 데면데면한 독서가 되고 만다. 이래서는 안 된다. 저자가 자신의 생각과 느낌을 전달하고 공감하기 위해 글을 썼듯이, 독자인 우리는 나의 지식과 경험을 넓고 깊게 만들기 위해 책을 읽어야 한다.

　한마디로 책과 내 자신을 의식적으로 연계시키려는 태도를

독서로의 초대

갖추고 읽어야 한다. 내 자신과 연계하면 할수록 책의 내용이 내게 깊게 다가옴을 느낄 수 있다. 나의 일처럼 느끼면서 책 속으로 깊이 빠져들게 된다. 책의 이야기가 나의 이야기이고, 내가 책의 주인공인 것처럼 생생하게 읽어야 한다.

'어떻게 책을 나와 연결시킬 수 있을까? 연결시켜서 얻고자 하는 것이 무엇인가?' 가장 좋은 방법은 책을 읽으면서, 유사한 경우를 나의 지식과 경험에서 찾아보는 것이다. 책 속에서 잘 익은 오렌지를 만날 때, 나는 단지 달콤한 맛만을 떠올리진 않는다. 샛노란 색깔부터, 겉면의 거칠거칠한 감촉, 햇살은 머금은 냄새와 온 가족이 함께 나누어 먹던 기억까지 세세하게 떠올린다. 내 오감을 총동원하여 생생하게 상상한다. 이럴 때 오렌지는 더 이상 책 속의 대상으로만 존재하는 게 아니게 된다. 내가 보고, 냄새 맡고, 맛을 보고, 감촉을 느끼는 생생한 나의 오렌지가 된다.

책 속 인물이 고뇌를 겪는 장면을 읽으면서, 나와 무관한 제삼자의 일이라 등한시하지 않게 된다. 이제 그 인물의 고뇌는 나의 고뇌가 되고 머리만이 아닌 감정을 품고서 책을 대하게 된다. 나 역시 그처럼 고민하고 번민한다. 밤을 지새우고 밤새 뒤척이고, 고뇌와 번민으로 괴로워하던 내 경험을 생생히 되살려 낸다. 이때 그 인물은 나와 동병상련을 겪는 친구요 동지가 된다. 이런 감정이입을 통해 책과 같이 기뻐하고, 같이 아파한다. 이제 나의 머리만이 아닌 내 온몸과 온마음에 책의 내용이 생생하게 새겨진다. 쉽게 잊힐 리가 없다. 그냥 무미건조하고 데면데면해질 수가 없다.

저자의 주장이 내 생각과 다르다고 느낄 때, 나는 따진다. 왜 그렇게 생각하냐고? 내가 맞는 게 아니냐고 큰소리친다! 그래도 저자의 말을 조금 더 이해해야겠다는 생각에 다시 글을 읽어나간다. 내가 이렇게까지 아량을 베풀어 이해하려고 애썼는데도 저자가 이렇게까지 나의 의견에 냉담하다니. 내 가슴이 답답해진다. 눈앞에 저자가 있다면 옳고 그름을 조목조목 따지고 싶은 심정이 된다. 이런 과정을 거친 책의 내용이 쉽게 뇌리에서 잊힐 리가 없다.

언제고 다시 나는 질문을 던지고 도전할 것이다. 아직도 당신의 생각이 맞다고 믿느냐고? 어떤 대답을 듣느냐는 중요한 게 아니다. 나와 긴밀하게 연결되어 나의 지식과 경험 속에 용해되어 간다는 사실이 중요하다. 나와 깊이 연결함으로써, 나는 이제 나의 기존입장과 저자의 입장이라는 두 가지 관점을 갖게 되었다. 세상을 다르게 바라볼 수 있는 또 하나의 관점을 얻게 되었다. 설령 기존의 생각이 더 옳거나, 새로운 생각이 덜 유익하다 하더라도, 또 하나의 다른 관점을 가진다는 것은 그 자체로 의미가 있다. 세상은 얼마나 올바르게 보느냐 만큼, 얼마나 다양하게 볼 수 있느냐가 중요하기 때문이다.

이렇게 나와 연관 지어 읽어나가는 것이 나의 지식과 경험을 깊고 풍요롭게 만드는 일이 아니겠는가! 나와의 연관은 깊고 생생할수록 좋다. 시를 읽으면서 연인을 기다리며 설레던 내 심정을 떠올리고, 역사를 읽으면서 내가 통절하게 경험했던 인

독서로의 초대

간의 속성을 기억해 내자. 남의 철학을 외우기만 하는 대신 저자의 안목으로 나의 가치관을 성찰해 보자. 니체의 망치를 들고 나의 기존 신념, 가치관을 모조리 부수어 보자. 책 속의 얘기가 나의 기존지식과 맞닿고, 나의 경험이 책의 얘기와 이어지게 하자. 이럴 때 더 이상 책은 책이고, 나는 내가 아니라, 책은 나의 이야기이고, 나는 책을 읽으면서 나의 지식과 경험을 확장하게 된다.

단지 '책 속의 얘기일 뿐이다. 그 시대에나 통용될 뿐이다. 지금 내 상황은 책과는 다르다.' 말하지 말라. 책이 내 상황을 모르는 게 아니다. 책과 생생하게 연결하지 못하는 나의 상상력이 부족한 것은 아닐까!

시오노 나나미의 『로마인 이야기』는 단지 2500년 전 나와 무관한 로마시대 사람들의 이야기에 불과한가? 그들의 욕망, 시기, 경쟁, 승리가 지금의 나와는 전혀 다른 사람들의 이야기인가? 지금 이 시대의 율리우스 카이사르는 누구인가? 누가 네로와 같은 파멸의 길을 걷고 있는가? 도대체 누가 키케로처럼 로마인들의 정신을 일깨우듯이, 지금 우리의 정신을 일깨우고 있는가?

이것이 어찌하여 우리의 문제가 아니고, 우리가 신경 써야 할 주제가 아닌가! 우리가 살아가는 지금은 2500년 전 로마와는 너무나도 다르다. 그러나 이 시·공간을 뛰어넘어 인간의 속성을 이해하고, 그들에게서 교훈을 얻는 일은 누가 해야 할 일인가! 책을 나와 연결시킬 수 없다면, 내게 와닿지 않고, 내게 생생하게 남겨지지 않는다.

그러나 책을 통해 내 의식을 확장하고자 한다면, 내 자신을 책과 넓고 깊게 관여시키지 않을 수 없다. 나의 일, 관계, 일상과 의식적으로 연결시키며 책을 읽자. 독서를 내 자신과 연관 지을수록 책의 내용이 내게 더 깊고 풍요롭게 다가오게 된다. 독서가 나와 긴밀하게 연결될 때, 나는 독서에 깊이 몰입하게 되고, 독서를 통해 내 의식의 지평을 더욱 넓혀갈 수 있다!

서문과 목차를
먼저 살피며 읽자

서문과 목차 훑어보기는 책에 대한 안목을 기르는 방법으로서도 매우 효과적이다. 그러나 단지 책을 고르기 위한 목적만으로 사용하기에는, 서문과 목차의 중요성이 너무 크다. 서문과 목차는 책에 대한 저자의 정신과 노력의 흔적, 핵심내용이 모두 담겨 있는 비밀의 문으로 들어가는 열쇠와 같다.

책이 하나의 보물을 간직한 세상이라면, 책이라는 비밀의 숲에 들어서려는 독자인 우리에게 어디를 어떻게 가야 하는지를 정성스레 알려주는 비밀의 문을 위한 열쇠를 간과해서는 안 된다. 우리는 서문과 목차를 통해 무엇을 얻어야 할까?

서문에는 '저자가 무엇을 위해 썼는지? 집필 동기와 목적이 무엇인지? 어떤 주제를 다루고 있는지?'를 얘기한다. 한마디로 서문은 책의 지도이며 청사진이다. 친절한 서문에는 핵심내용 요약과 어떻게 읽고 활용하면 좋을지를 설명해 놓기도 한다. 서문에는 저자의 심력(心力)이 고스란히 녹아 있다. 서문만 읽어보아도 어떤 주제를, 어떻게 다루고 있는지를 파악할 수 있을 만큼, 저자는 서문에 공을 들인다. 서문의 목적이 명확하지 않고, 수준이 높지 않은데, 본문의 수준이 높은 책은 없다 해도 과언이 아니다. 그만큼 서문을 통해 독자는 책에서 다루는 주제와 방법뿐 아니라, 저자의 마음가짐과 집필태도까지 읽을 수 있다. 서문은 어디로 가야 할지를 알려주는 지도이므로, 무엇을 알아야 할지 서문을 염두에 두고 책을 읽어야 한다.

목차는 그냥 본문을 찾기 쉽게 만들어 놓은 목록에 불과한 게 아니다. 목차는 책의 구조도이며, 설계도이다. 건물을 자세히 파악하기 위해서는 건물의 설계도가 반드시 필요하듯이, 책 탐험에 나서는 독자는 책의 설계도인 목차를 유용하게 활용할 줄 알아야 한다. 목차에는 어떤 정보가 담겨 있을까? 서문에서 밝힌 주제를 어떤 형식과 전개로 다루고 있는지? 어떤 방식으로 자기주장을 펼치고 있는지? 책의 형식과 구조를 담고 있다. 목차를 통해 어느 부분에서 무엇을 다루는지? 핵심내용이 무엇인지를 파악할 수 있다.

아울러 책을 읽다 보면 지금 보고 있는 장에만 집중한 나머지, 책에 대한 전체 이해를 놓치는 경우가 종종 있다. 이럴 때 목차는 얼른 전체구조를 다시 상기시켜 준다. 서문은 처음에

한 번만 보는 것으로 충분할 수 있지만, 목차는 한 번만 훑어보기보다는 책을 읽으면서 수시로 참고할 필요가 있다. 전체구성에서 지금이 어디에 해당하는지? 지금은 어느 부분에 집중해야 하는지? 목차를 바탕으로 내용을 함께 머릿속에 그리면서 읽어가자. 목차를 통해 책 전체 내용을 한눈에 조망할 수 있고, 챕터들을 연결시킴으로써 전반적인 이해도를 높일 수 있다.

실용서적들은 목차에 핵심키워드를 사용하는 경향이 짙다. 본문은 목차의 핵심키워드를 좀 더 자세히 풀어놓은 것에 불과한 경우가 많다. 특히 예시나 사례는 핵심키워드를 보다 설득력 있거나 생생하게 설명하기 위한 부분인 만큼, 나의 필요에 따라 읽거나 건너뛰어도 괜찮다. 목차를 통해 핵심키워드를 파악한다면, 중요한 내용을 모두 섭렵하면서도 혹시 놓치는 지식이나 정보가 없나 하는 불안함을 없앨 수 있다.

한 주제 깊이읽기를 위해 입문서, 설명서, 활용서 순서대로 책을 읽는 경우에도 목차를 통해 중복되는 부분을 피하면서, 원하는 지식을 빠르게 흡수할 수 있다.

끝으로 독서노트를 작성하는 경우, 목차를 통해 보다 자세하고 생생하게 자기 생각을 기록할 수 있다. 필자의 경우 책을 읽고 핵심을 요약하거나 정리할 때, 목차를 다시 보면서 읽는 동안 느꼈던 나의 생각과 느낌을 떠올린다. 목차를 보면서 기억을 다시 더듬으면, 생생하게 그 느낌이 되살아나기에 매우 유용하게 활용하고 있다.

서문과 목차에 투자한 5분의 시간으로 책의 목적과 글 전체의 개요를 파악할 수 있다면, 전혀 아깝지 않은 시간으로 만들 수 있다. 서문과 목차 미리 읽기를 통해, 개념이해가 더 명확해지고, 내 것으로 만드는 시간이 훨씬 단축된다. 뇌가 미리 준비할 수 있으므로 익숙한 것을 보다 빨리 흡수할 수 있기 때문이다.

손으로
메모하며 읽자

사마천이 동양역사의 시조가 된 이유는 오직 한 가지이다. 그가 최초로 중국 고대의 역사를 기록(메모)한 덕분이다. 수많은 위대한 인물들이 사마천보다 위대한 일에 도전하고 더 큰 업적을 이루었지만, 사마천은 2000년을 뛰어넘어 지금도 우리에게 살아 있고, 인류가 존재하는 한 앞으로도 영원히 잊히는 일은 없을 것이다. 이것이 기록(메모)의 힘이 아니겠는가! 우리의 소중한 시간과 노력을 들여 부지런히 책을 읽어왔다. 그렇다면 무언가가 우리에게 남겨진 게 있어야 내 시간과 노력이 빛나지 않을까?

독서는 콩나물에 물 주듯이 천천히 눈에 보이지 않게 자란다고들 한다. 물을 주면 콩나물은 자기 속으로 물을 흡수하면서 자라난다. 메모하기가 바로 내 몸속에 물을 주는 행위이다. 책의 내용은 내 것이 아니다. 미안한 말이지만 저자의 지식이고 경험이지 아직 내 것은 아니다. 남의 지식과 경험이 쉽게 내 것이 될 리가 없다. 쉽고 편하게 내 것으로 만들려는 심보부터 고쳐야 한다. 책을 내 것으로 만들려는 치열한 행위가 메모하기이다.

무엇을 적어야 할까? 내 생각, 느낌, 감상, 알게 된 지식, 활용할 방안, 연결할 지식 등 얼마든지 메모의 대상이 있다. 지금 읽고 있는 책과 관련된 것만 적을 필요는 없다. 갑자기 떠오른 예전에 읽었던 내용, 지금 책과 연상되는 생각, 지난 나의 경험, 주변 체험담, 메모야말로 가장 효과적으로 생각하는 행위이다.

메모가 효과적인 이유가 또 하나 있다. 메모해 두면 기억해야 한다는 부담을 내려놓고, 내 머리를 온전히 책에 집중할 수 있기 때문이다. 메모하면서 손과 눈으로 한 번 더 기억하고, 머릿속에 정리했으니 그냥 생각만 한 것보다 훨씬 더 명료하고 오래 기억에 남는다. 책의 감동적인 문장을 적어도 좋고, 멋진 표현을 적어도 좋다. 문장을 비틀고 변형해서 나만의 표현을 적어도 좋고, 내 상황에 맞게 각색해도 좋다.

이렇게 적다 보면 메모는 어느새 즐거운 놀이가 된다. 그러면서도 남고 얻는 게 많다. 지금 막 한 생각이 떠올랐는데 연결되지 않을 때는 그 단어만 기록해 둔다. 그러면 내가 다른 일에 신경을 쓰고 있을 때조차도 내 무의식은 계속 그 실마리를 찾고 있는 중이다. 어느 순간 실마리가 떠오를지는 알 수 없지만, 그렇게 떠올리게 된 좋은 아이디어가 하나둘이 아니다.

이 책을 쓰고 있는 과정에서도 큰 효과를 보았다. 자료를 조사하고 탐구만 한 게 아니다. 키워드만 떠올린 채 사색하며 천천히 동네 산책을 즐기며 걸었다. 사실 내게는 이때가 가장 활발한 생각시간이다. 행여나 놓칠세라 멈춰 서서 메모지나 휴대폰에 무조건 적는다. 그러다 생각이 끊기면 다시 걷기 시작한다. 메모한 내용으로 의식이 점점 집중되면서 연결되는 생각들이 마구 떠오른다. 이런 생각들을 집에 와서 조용히 연결하고, 재배치하고, 재구성하여 한 편의 글로 옮긴다.

독서는 책상에 앉아서만 할 수 있는 게 아니다. 더군다나 메모한 내용에는 내 지식과 경험이 녹아 있으므로 쉬거나, 걷거나, 일할 때나 수시로 내게 다시 찾아온다. 그동안 읽어왔던 많은 책의 내용들이 뒤섞이고 혼합되고, 상호 녹아들면서 새로운 생각으로 발효된다.

바야흐로 연결의 시대가 아닌가! 빅 데이터는 우선 많은 데이터를 모아야 제대로 활용할 수 있다. 내게는 메모가 가장 값진 빅 데이터이다. 더군다나 내 생각과 느낌, 경험을 거친 살아 있는 생생한 나만의 데이터가 아닌가! 그간 공들여 온 메모를 귀하게 여기고 값진 가치를 길어 올리자. 독서하면서 적어온 나의 독서메모가 나의 고갱이며, 나의 자존심이며 나의 힘이다. 어떤 책에서 읽었든, 누구에게서 배웠든 나의 메모는 모두 내 몸속에서 녹고 섞여, 다시 태어난 오롯한 나만의 지식이다.

우스갯소리로 적자생존(적는 자만 살아남는)시대가 된 지 오래다. 아무리 좋은 기억력도 메모 한 줄을 능가하지는 못한다. 아무리 검색이 모든 지식을 찾아줄 수 있다 해도, 그 가치를 생각할 때, 내가 남긴 한 줄의 메모만 못한 경우가 많다. 더군다나 누구에게도 공개되지 않고, 누구도 넘볼 수 없는 나만의 생생한 정보가 아닌가!

메모의 중요성을 깨달았다고 용기백배해서 생각나는 것을 모조리 옮기거나, 책에서 읽는 내용을 전부 적으려 해서는 안 된다. 메모에 대한 지나친 부담감이 독서조차 힘들게 만드는 경우를 종종 보아왔기 때문이다. 메모의 원칙은 간단하다. 적고 싶은 만큼만 적는다! 적을 수 있는 만큼만 적는다! 더 이상의 원칙은 없다. 읽고 배운 내용을 잘 기억하고, 잘 활용하기 위해 메모하는 것이지, 메모하기 위해 책을 읽는 단계는 아니기 때문이다.

또한 메모한 것으로 끝내서는 절대로 안 된다. 주기적으로 메모와 독서노트를 들여다보며 분류하고, 재정리해야 그 효과를 제대로 누릴 수 있다. 나의 일에, 사람관계에, 삶의 문제를 만났을 때, 나는 나의 메모를 가장 먼저 찾아보기 시작한다. 원하는 해답이 없을 수는 있지만, 실마리조차 얻지 못한 경우는 지금껏 한 번도 없었다.

활용을
염두에 두고 읽자

독서는 기본적으로 책을 읽는 행위이다. 그러나 읽는 것만이 목적은 아니다. 어떤 이유로 책을 읽더라도 내 삶을 풍요롭게 만들기 위함이라는 근원적인 목적에 부합해야 한다. 재미를 위해서든, 실용적 목적이든, 호기심 충족이든, 자기성찰이든 궁극적으로는 내게 유익함을 줄 수 있어야 한다.

독서를 통해 내 삶을 풍요롭게 만들고자 한다면, 책을 읽는 것만으로는 그 목적을 이룰 수 없다. 읽고 배운 것을 내 삶을 위해, 내 삶을 통해 활용함으로써 내 삶이 조금이라도 풍요로워지게 만들어야 한다. 지식의 활용방법은 자신의 상황과 목적에 따라 다를 수 있다. 그러나 활용을 중시하고 실제로 활용함으로써, 내 삶을 향상시키고, 내 자신을 성장시킨다는 측면에서는 모든 독자들에게 동일하다.

왜 활용을 염두에 두고, 활용을 목적으로 책을 읽지 않을까? 알고 보면 우리가 하는 모든 활동에는 이유와 목적이 있다. 회식이든, 대화든, 놀이든, 일이든 우리는 특정한 목적을 가지고 행위를 한다. 그럼에도 불구하고 독서하는 이유를 물어보면 명확하지 않거나, 이유를 생각조차 하지 않는 사람들이 있다. 막연히 독서가 내게 도움이 되니까, 책을 읽으면 지혜로워진다는 사회 분위기 이끌려서 읽는 사람들도 있다.

그러나 독서만큼 능동적, 주체적 활동도 없다. 책을 읽는다는 것은 타인의 생각을 폭넓고 깊게 들여다본다는 의미이며, 이를 통해 내 자신을 반추한다는 뜻이기 때문이다. 물론 모든 독서가 활용을 염두에 두어야만 하는 것은 아니다. 아무 이유 없이 책을 읽어도 좋은 경우도 있다.

그럼에도 필자는 활용을 염두에 둔 책 읽기를 권한다. 그 이유는 다음 세 가지 때문이다. 첫째, 활용을 염두에 두면 집중력이 배가 된다. 다른 행위와 마찬가지로, 내가 독서에 의미를 부여하는 만큼 나의 집중이 달라진다. 관념이나 이론에만 치우치지 않게 된다. 활용을 염두에 둘 때, 관찰력, 사고력이 향상된다. '무엇을 보고 싶은지? 무엇을 봐야 하는지?'를 인식하고 있기 때문이다. 활용은 실험과 시도를 통해서만 검증 가능하므로, 실험정신과 도전정신이 길러진다. 사물을 다양한 관점으로 바라보게 되고, 장점을 활용하려는 태도가 길러진다.

둘째, 활용을 목적으로 책을 읽으면 독서열(讀書熱)이 커진다. 책 내용 중에 필요한 부분에 집중하게 되고, 목적에 맞는 독서를 중시하게 되며, 독서를 통해 문제를 해결함으로써 더욱더 독서에 시간과 노력을 쏟아붓게 된다. 배운 지식을 활용할수록 독서열이 점점 커져가게 된다.

셋째, 활용을 생각하면 내 현실을 개선할 수 있다. 독서를 통해 길러진 문제의식으로 내 현실을 돌아보게 되고, 내 기존 경험과 새 지식을 결합하여 문제를 해결하려 시도하게 된다. 구체적이며 현실적인 방법과 아이디어를 계속 생각하게 된다. 무엇을 읽든 내게 필요한 지식과 기술을 찾아내게 된다. 독서를 통해 내 삶을 풍요롭게 하고자 한다면, 활용을 염두에 둠으로써 내 태도를 변화시키고, 독서열(讀書熱)을 고무시키며, 현실을 개선해 나가야 한다.

독서활동은 좀처럼 밖으로 자라는 모습이 드러나지 않고, 오랫동안 땅속에 잠복해 있는 죽순(竹筍)과도 같다. 오랜 기간을 땅속에서 인내와 성숙의 시간을 거친 뒤에야 마술처럼 한순간에 자신을 밖으로 우뚝 드러내기 때문이다. 독서 역시 꾸준히 실천해 나갈 때, 스스로 꽃을 피우고 열매를 맺게 된다. 그러나 한정된 시간만큼만 살 수 있는 우리에게 마냥 기다리고 인내하기만 하는 독서법만 있는 건 아니다. 꾸준한 독서의 힘을 믿되, 활용을 통해 실제적인 성공체험을 쌓아갈 때, 독서가 내 삶과 더 긴밀히 연결되고, 내 삶의 소중한 일부가 되는 게 아닐까!

배는 항구에 있을 때가 가장 안전하다. 그러나 그러라고 배를 만드는 것은 아니다! 책을 아무 이유와 목적 없이 읽을 수는 있다. 그러나 그러라고 내 소중한 시간과 노력을 투자하여 책을 읽는 것은 아니다!

활용을 염두에 두지 않고 읽을 때, 독서는 무미건조한 행위, 나와 연결되지 않는 행위, 한가한 놀이에 불과해질 수 있다. 그러나 우리는 이제 알고 있다. 어떻게 독서를 의미 있게, 나와 긴밀이 접속되게, 내 삶의 방식이 되게 만들 수 있는지를. 내 일상에서의 활용을 염두에 두고 책을 읽고 있는가? 활용을 지향하는 독서를 위해 이제 우리가 도전에 나설 차례다!!!

4장

어떻게 독서습관을
기를 것인가?

—

Invitation
To
Read

—

독서에 관한
나의 인식과 태도를 점검하자

　독서를 잠깐의 유희나 소일거리로 여기는 사람과 평생의 동
반자로 대하는 사람은, 독서를 대하는 인식과 태도에서부터 하
늘과 땅만큼의 차이가 난다. 무엇을 대하던 나의 인식과 태도
가 큰 영향을 미친다. 나의 인식이 긍정적이면 대상의 보다 밝
은 면을 보게 되고, 나의 태도가 능동적이면 보다 적극적으로
상황에 임하게 된다. 같은 회식자리라도 직접 식당을 예약하고
참석을 독려하는 사람과 마지못해 따라온 사람의 참여도와 기
분이 같을 리 없다.

　독서에 대한 나의 인식과 태도를 먼저 점검하자. 독서에 대
해 지금 나는 어떤 인식과 태도를 가지고 있는가? 바람직한 독

　　　　　　　　　　　　　　　　　　　　　　　독서로의 초대

서의 인식과 태도는 무엇이며, 어떻게 변화시켜 나가야 하는
가? 지금의 나의 인식과 태도를 글로 적어보자. 독서에 호기심
을 느끼고 있는가? 독서가 내게 무엇인지? 지금까지 독서성공
체험이 있는지? 독서에 어떤 기대를 가지고 있는지? 독서할 때
나의 태도는 어떤지? 독서를 통해 무언가 남는 게 있는지? 독
서에 대한 지금 나의 인식과 태도를 아는 것은 중요하다. 상태
를 정확히 알수록, 바람직한 방향으로 개선하기가 수월하기 때
문이다.

　나의 상태를 면밀히 점검했다면, 이제 내가 생각하는 독서에
대한 바람직한 인식과 태도에 대해 알아보자. 무엇이 독서에
대한 바람직한 인식과 태도일까? '책은 인류 지혜의 보고이다.
책을 통해 나는 역사상 가장 위대한 스승으로부터 배울 수 있
다. 독서는 나의 의식을 확장하고 나를 성장시킨다'는 태도를
지향하자. 한 권의 책으로 내가 바뀔 수 없을지는 모르나, '꾸
준한 독서는 내 삶을 개선시키고, 내 자신을 반드시 발전시킬
수 있다'는 인식을 품자. '독서를 내 평생의 친구이자 스승으로
삼겠다'는 의지를 다지자.

　자신이 생각하는 독서에 대한 바람직한 상을 수립하자. 독서
에 대한 지금 나의 인식, 태도와 바람직한 상 사이의 간격을 메
우는 일이 지금부터 내가 해나가야 할 일이다. 바람직한 '독서
상(讀書像)'을 글로 적어 책상에 붙여두고, 책 속에 끼워 넣어 다
니며, 수첩 속에도 간직하자. 사람은 자기가 인식하는 만큼만
보고, 듣고, 느끼고, 생각할 수 있다. 무엇을 바꾸어야 할지를

알게 되면, 나의 의식이 지속적으로 신경을 쓰게 된다. 잠깐 잊어버렸다가도 불현듯 떠오르기도 하고, 다른 사람의 바람직한 행동을 통해, 내 자신을 일깨우기도 한다. 이런 의식과 노력들이 독서에 대한 기존의 내 인식과 태도를 서서히 변화시킨다.

책을 읽기 전에 어떤 인식과 태도로 책을 대하고 있는지 10초만 생각해 보자. 바람직한 인식과 태도를 의식적으로 떠올려 보자. 결코 한 번에 바뀌리라 기대해서는 안 된다. 지금의 내 인식과 태도가 한순간에 형성된 것이 아니듯이, 인식과 태도의 변화는 시간이 오래 걸리는 일이다. 느긋하게 마음먹고 꾸준히 의식적으로 행하려 해야 한다. 나의 인식과 태도를 바꿔야겠다는 각오가 이미 변화가 시작됐다는 확실한 증거이다. 이런 태도로 책을 대해야지 하는 생각이 떠올랐다면 변화가 진행 중이라 믿어도 좋다. 축하할 일이 아닌가!

독서에 큰 기대를 품자. 좀 과장해서 독서에 내 인생을 걸었다고 생각해 보자. 나의 직장에 인생을 걸기도 하는데, 하물며 독서에 내 인생을 걸지 못할 이유가 무엇인가! 책에 내 인생을 걸면, 독서는 더 이상 무미건조한 행위가 아니라, 내 인생이 걸린 의미 있는 중요한 활동이 된다. 어찌 관심을 가지지 않고 소홀히 대하며, 정신을 집중하지 않을 수 있겠는가! 큰 기대를 걸고 있으므로, 내게 와닿지 않는 책에는 눈길도 주지 않는다. 반면에 내게 말을 걸고, 나를 일깨우는 책에 대해서는 무섭도록 집중한다. 내 인생이 걸린 일인데 감히 소홀하게 대할 수 있겠는가!

이런 태도로 책을 읽는데 어찌 내 자신이 변하지 않을 수 있겠는가! 세상과 사물을 보는 나의 관점과 안목이 달라지지 않을 수 있겠는가! 이것이야말로 독서습관을 기르는 가장 우선적인 일이며, 동시에 가장 오랫동안 지속해야 할 가장 근본적인 태도 변화이다. 내가 어떤 인식과 태도로 책을 대하느냐에 따라, 내가 보고, 느끼고, 배우는 것이 결정된다.

이희석의 『나는 읽는 대로 만들어진다』를 나의 일을 대하듯이 읽었다. 나의 일이기에 한 문장, 하나의 의미라도 그냥 지나치는 법이 없었다. 따라도 해보고 내 방식으로도 해본다. 잊어버리면 다시 펴들고 내 생각과 다른 게 있다면 메모해 둔다.

지금의 나는 내 삶과 책이 함께하고 있다 여긴다. 책 없는 내 삶을 상상하기 어렵고, 내 인생에서 책을 제외하고 이만한 가치가 있는 활동을 발견하기란 불가능하다. 이런 태도라면 하루라도 책을 읽지 않을 리 없다. 이런 마음가짐이라면 책을 멀리하고 내팽개칠 수 없다. 지금 당신은 어떤 인식과 태도로 책을 대하고 있는가? 내 자신의 소중한 상대로 여길 마음이 생겼는가? 이제 친구요, 스승을 대하는 인식과 태도로 책을 맞이해 보자!

추천하는 독서에 대한 바람직한 인식과 태도

- 내 현실을 개선할 수 있다
- 나의 잠재력을 키울 수 있다
- 내 꿈을 찾아 나서게 하고 실현하게 할 수 있다
- 의미 있고 중요한 일에 집중할 수 있다
- 내 삶에 활기를 불러일으킬 수 있다
- 삶을 위로하고 정서를 풍요롭게 할 수 있다

독서로의 초대

독서에 우호적인
여건을 조성하자

시장 근처에서 살아가니 아이가 장사놀이를 하고, 상(喪)을 치르는 곁에 사니 아이가 슬픈 곡을 하며 놀고, 서당 옆에 집을 얻으니 아이가 책을 읽게 된다. 우리가 익히 알고 있는 '맹모삼천지교'의 고사이다. 동물만 환경의 지배를 받는 것은 아니다. 사람인 우리 역시 환경에 크게 영향을 받는다. 거실에 TV가, 손에 휴대폰이, 방엔 PC가 눈앞에 펼쳐져 있는 환경에서 책을 읽기란 누구에게나 힘든 일이다. 책 읽기를 즐기는 필자도 거실에 TV가 켜져 있으면 슬그머니 소파에 앉기가 쉽다.

강한 의지가 우리를 결심하게 하고 행동에 나서게 하지만, 의지에만 지나치게 의존해서는 안 된다. 내 의지는 무한정한 자원이 아닌 만큼, 더 의미 있는 활동에 활용하기 위해 아껴야 한다. 의지에만 의존하게 되면 오히려 쉽게 지치게 되고, 조금만 방심해도 쉽게 포기하게 된다. 내가 하려는 활동에 우호적인 여건을 조성하는 것이 현명한 태도가 아닐까!

독서에 우호적인 여건이란 무엇일까? 대상을 알고 싶거든 대상과 자주 접하며 친해져야 하듯이, 독서습관 형성의 첫걸음은 먼저 책과 친해지는 것이다. 내 주변에 책을 널어놓자. 다시 말해 내 행동반경에 언제나 책이 눈에 띄게 배치해 놓자.

거실, 침실, 안방은 기본이고, 화장실, 차 안, 사무실, 가방 등 내가 시간을 보내는 모든 곳에 책을 놓아두자. 장소에 따라 읽고 싶은 책이 다를 수 있다. 조용한 안방에서는 수필류가, 이동하는 전철이나 차 안에서는 시집이, 사무실에서는 나의 일과 관련된 실용서적이, 책상 앞에서는 내게 울림을 주는 고전이 잘 어울린다.

책은 읽는 동안에만 내 머릿속에 있는 게 아니다. 전자책과 달리 종이책은 자기만의 색깔, 무게, 형태, 냄새를 지니고 있다. 서늘한 책의 겉면은 내 정신을 번쩍 들게 하기에 충분하고, 각양각색의 디자인과 표지는 내 눈을 사로잡는다. 나의 체취가 담겨 있는 책에서는 따뜻한 정감이 느껴지기도 한다. 이렇게 나의 오감을 동원하여 책과 친구가 되자.

출퇴근길에, 누구를 만나러 갈 때, 책 한 권을 손에 들면 왠지 내가 멋있어 보이고, 내 자신이 대견하게 느껴진다. 내 자신만 그렇게 느끼는 게 아니다. 책을 들고 있는 내 모습에 상대방

역시 겉으로는 모른척하겠지만, 속으로는 '이 사람 다시 봐야 겠다'고 생각할지도 모를 일이다. 또 혹시 아는가? 상대방이 이 책을 읽었거나 관심이 있을는지? 중요한 것은 언제나 책이 내 눈과 손에서 가까이 있다는 사실이다.

휴일에 집안에서 뒹굴뒹굴할 때, 퇴근 후에 씻고 잠자리에 들 때, 버스 안에서 무심코 가방에 손을 넣었을 때 책이 있다면 읽게 된다. 읽다가 잠이 들어도 좋고, 딴생각을 해도 좋다. 책을 보면 읽고 싶게 되고, 책을 읽으면서 독서습관이 길러진다는 것이 중요하다.

여기서 한 걸음 더 나아가서 휴일이나 시간이 될 때 근처 서점에 들러보기를 권한다. 얼마나 다양하고 값진 책들이 저마다의 색깔을 뽐내며 나를 기다리고 있는가! 기껏해야 하루에도 몇 번이나 마시는 커피 두 잔 값이다. 그냥 예뻐 보여서, 왠지 있어 보여서, 이 정도는 읽어줘야 할 것 같아서, 선물하고픈 누군가가 생각나서, 책 한 권 사 들고 나오자! 아직 읽지도 않았는데도 불구하고, 책을 샀다는 사실만으로도 가슴 한곳이 뿌듯해짐을 느낀다. 들고 가는 내내 책 내용이 궁금해진다. 관심이 생기면 궁금해지고, 궁금해지면 읽고 싶어진다. 집에 도착해서 슬그머니 서문과 목차를 훑어본다. 이런 심정과 태도, 노력이 책과 친해지는 비결이다.

이제 내가 책을 이미 샀으니 휴대폰은 잠시 내려놓고 싶어진다. 왜? 내가 직접 발로 찾아가서 고르느라 내 시간과 정성을 들였고, 이미 적지 않은 투자를 했기 때문이다. 휴대폰은 나의 노력이 하나도 들지 않았을 뿐만 아니라, 언제든지 볼 수 있다. 하지만 내가 직접 산 내 책은 지금이 아니면 기회가 없을지도 모른다. 아니 금세 내 마음이 바뀔지도 모른다. 지금 한 페이지라도 읽어두고 싶다. 이 과정이 책과 친해지고, 독서하는 계기가 되며, 독서가 내게 다가오는 순간이 아니고 무엇이겠는가!

집에서도, 차에서도, 사무실에서도, 카페에서도, 책이 내 눈에 띄고 내 손에 잡히니 안 보려야 안 볼 수가 없다. 또한 책은 휴대폰처럼 지금 나의 상황에는 아랑곳없이 촐랑대고 울리면서 내 의식을 빼앗으려 들지 않는다. 다만 점잖게 묵묵히 나의 내면에 말을 건네온다. '다음 내용이 궁금하지 않아? 지금 읽기 싫다면 손에 들고만 있어도 괜찮아. 나는 이제 당신 친구니까!' 친구를 마냥 기다리게만 하고, 관심을 가져주지 않은 날은 내 스스로 내 마음을 아프게 하는 날이다. 그러니 한 문장, 한 페이지라도 읽어주는 게 오히려 내 마음이 편해지는 길이다. 이제 책이 나를 기다려 주고 있고, 내가 책을 소중히 여기게 되었다.

책을 선물하고 책을 선물 받기를 원하자. 내가 책에 관심이 많고, 책을 읽는 사람임을 주변에 널리 알리자. 책과 관련된 정보를 찾고, 책 관련 대화를 나누고, 책 내용을 누군가와 얘기하자. 책에 대해 자주, 오래, 꾸준히 생각할수록 점점 더 책과 친해지게 된다.

주변 여건은 생각보다 힘이 세다! 우호적인 여건을 조성하여, 책과 친해지는 것이 독서습관 형성을 위한 첫걸음임을 잊지 말자!

스스로
독서 동기를 부여하자

스스로 동기를 부여할 줄 아는 사람은 무슨 일에서든 좀처럼 중도에서 포기하지 않는다. 어떻게 스스로에게 독서 동기를 부여할 수 있을까? 동기부여는 내적 요인과 외적 요인이 있다. 우호적인 독서 여건을 조성하고 독서모임에 참여하고, 서점에 자주 들러 동기부여의 외적 요인을 조성하자. 뿐만 아니라, 내 감정을 독서와 긍정적으로 만들어 내적 요인을 강화하는 일 역시 중요하다.

독서로 인한 즐거움, 독서하고 나서의 뿌듯함, 독서를 통한 위로와 공감, 감정적으로 긍정적인 면을 독서와 연결시키자. 즐거움, 공감, 용기, 희망, 휴식은 독서와 밀접하게 연관된 우리의 정서이다. 책을 읽으면서 느끼는 다양한 감정들을 생생히 마음에 새겨두자. 독서를 통해 일깨워지는 나의 느낌을 생생히 체험하자. 독서에 대한 나의 정서가 풍부해질수록, 독서에 대한 나의 열정이 그만큼 자라나게 된다. 독서는 이성을 위한 양식만은 아니다. 오히려 감성을 풍부하게 만듦으로써 이성을 분발케 하는 내밀한 정서활동이 독서가 아닐까!

독서에 투자하는 시간과 노력이 늘어날수록, 독서실력이 향상됨을 느끼게 된다. 무슨 일이든 노력하는 만큼 보상이 뒤따를 때 더 큰 동기가 부여된다. 계획한 대로 책을 읽었을 때, 원하는 시간만큼 집중했을 때 밀려오는 뿌듯함은 그 자체로 이미 내게 충분한 보상이 된다. 그럼에도 자신이 평소 마시는 것보다 질 좋은 커피 한 잔, 마음에 드는 책갈피 하나, 마음에 두어왔던 펜 하나를 내 자신에게 선물하자. 급여가 올랐을 때만 스스로를 보상할 수 있는 건 아니다. 독서활동에 대해 스스로에게 보상을 하는 것은 충분히 의미 있는 일이다.

내 주변에 독서에 관심이 있는 사람이 있는 경우라면, 나의 작은 성취를 상대와 공유하자. 사람은 누구나 인정받기를 바란다. 특히 스스로 대견하다 여기는 행위에 대해, 다른 누군가로부터 인정을 받는 것은 여간 행복한 일이 아니다. 상대와 그간 읽어온 책들에 대해 충분히 대화를 나누는 것 자체가 큰 보상이 된다. 이런 느낌이 내 독서활동에 활기를 불러일으킨다.

독서 동기를 부여하는 방법으로써, 독서의 중요성 자체를 인식하는 것보다 더 좋은 방법은 없다. 꾸준한 노력을 위해서는 그 행위에 대한 명확한 인식이 먼저 확립되어야 한다. 독서에 대한 기대가 높을수록, 독서목적이 명확할수록 내 독서 동기가 촉발된다. 중요한 일이라 인식하기에 독서에 우선순위를 부여하게 된다.

내 인식을 유혹하는 많은 요인들 중에서, 독서를 선택한다는 것은 절대로 쉬운 일도, 편한 일도 아니다. 독서의 중요성을 다른 무엇보다도 우선하기에 계속 책을 읽어갈 수 있는 것이다. 언제까지 독서하는 다른 이를 부러워만 할 것인가? 스스로 독서 동기를 부여함으로써, 남들이 부러워할 만한 나를 만들어 가야 하지 않겠는가! 미래에 대한 기대만으로 노력을 계속 이어가기는 쉽지 않은 일이다. 독서는 장기적으로 반드시 노력에 합당한 보답을 한다고 확신하는 경우에조차도, 눈에 보이는 성과가 없을 때는 초조해지고 조급해진다. 지금 내 문제 해결에 독서를 활용하자. 독서가 내 문제를 속 시원히 해결해 주지 못하는 경우는 있을지라도, 해결의 실마리조차 제공하지 못하는 경우는 단연코 없다.

내 현실적인 문제를 해결하는 데 독서가 도움이 되는 것을 경험하는 일만큼 더 내 독서활동을 자극하는 행위는 없다. 내 독서목표가 높고 크다 하더라도, 독서의 시작은 언제나 한 걸음에서부터이다. 이 작은 한 걸음 한 걸음을 모아 내 현실적인 문제들을 해결해 나갈 때, 독서에 대한 나의 의지와 열정이 무럭무럭 솟아난다. 스스로 독서 동기를 부여할 수 있게 될 때,

외부의 수많은 유혹을 무릅쓰고서 꾸준히 책을 읽을 수 있다.

누구나 스스로를 동기부여 시키는 방법을 알고 있다. 그럼에도 왜 독서를 위해서는 스스로 동기부여 하려 하지 않는가? 이 책을 읽은 동안 잠깐이라도 독서 동기가 부여됐을 수 있다. 필자조차도 이렇게 당신의 독서 동기를 부여하기 위해 애를 쓰고 있지 않은가? 독서 주체인 당신은 스스로에게 독서 동기부여를 위해 어떤 노력을 하고 있는가? 자기보다 자신을 더 잘 아는 사람은 없다. 스스로에게 독서 동기를 부여할 수 있는 방법을 지금 당장 생각해 보자. 스스로 독서 동기를 부여하는 한, 누구도 중도에서 독서를 포기하지 않을 수 있다.

작심삼일이라고 과소평가해서는 안 된다. 작심삼일을 삼일마다 계속 이어나가면 된다. 한 페이지의 책이라고 가볍게 여겨서는 안 된다. 이 한 페이지만 하며 읽고, 또 이 한 페이지만 하고 읽어나가는 동기부여가 독서습관을 만드는 유일한 길은 아닐까! 인간인 우리가 인간의, 인간에 의한, 인간을 위한 책을 읽지 않고 무얼 할 것인가!

독서기술을
배우고 익히자

　다른 모든 분야에서는 관련 기술을 배우고 익히는 것을 당연
하다 여기면서도, 독서에 대해서는 신성시하거나, 저절로 독서
에 익숙해지기만을 바랄 뿐, 독서기술을 배우고 익히려고 하지
않는 사람들이 많다.

　책에 대한 경외심을 지금은 잠시 내려놓자. 독서 역시 효과적
인 기술이 있다. 독서기술을 배우고 익힐수록 내게 맞는 독서
방식을 찾고 만들 수 있다. 독서를 그냥 계속 읽다 보면 저절로
터득하게 되는 것으로 여기는 태도를 바꾸자. 물론 꾸준히 읽
다 보면 자기만의 방식을 익히게 된다.(무슨 일이든 그렇지 않겠는
가!) 그러나 독서에도 분명히 효과적인 기술이 있음에도 불구

하고 굳이 그렇게 해야만 할 이유가 있을까!

그렇다면 효과적인 독서기술은 어떤 것인가? 나의 시간과 노력에 대한 대가를 충분히 얻을 수 있는 방법이어야 한다. 책은 넘쳐날 정도로 매일 쏟아져 나오는 반면, 우리의 시간은 한정되어 있고, 우리는 늘 바쁘게 살아가고 있다. 효과적으로 읽지 않으면 내 시간과 노력만 들이고 얻는 게 없을지도 모를 일이다.

책을 고르는 데도 기술이 필요하다. '내가 찾는 주제와 부합하는지? 내게 기존과 다른 관점을 제시하는지? 배울 게 있는지?'를 알고 읽어야 한다. 다행히 5분의 시간만 들이면 내게 필요한 책인지를 판별할 수 있는 방법이 있다. 바로 훑어읽기다. 관심 있는 주제와 관련된 책을 몇 권 선정한 후에, 제일 괜찮다 싶은 책부터 서문과 목차를 훑어보자.

서문에는 그 책의 목적이 무엇인지? 누구를 위한 책인지를 밝히는 경우가 많다. 서문을 통해 책이 나의 관심에 부합하는지를 먼저 파악하자. 그다음으로 목차를 살펴보자. 목차는 책의 구성을 한눈에 알게 해준다. 서문과 목차를 5분 정도 훑어보면서 책의 대강과 전모를 파악할 수 있다. '더 읽어야 할 책인지? 나중에 봐도 좋은 책인지?'를 분별할 수 있다. 대부분의 저자는 서문에 공을 들이고, 책의 중요한 메시지를 담으려 한다. 그러므로 서문은 정성 들여 읽을수록 얻는 게 많다.

목차는 책의 구성 즉, 뼈대이므로 저자가 심사숙고하여 몇 번이나 고치고 다듬는다. 필자의 경우도 목차에 많은 시간과 정성을 들인다. 목차를 제대로 세우지 않으면 저자가 생각한 방

독서로의 초대

식대로 논지를 전개해 나가지 못하기 때문이다. 좀 과장하면 책의 목차만 정성 들여 읽어도 책의 반은 건질 수 있다. 구성과 중간제목 자체가 큰 의미를 담고 있는 경우가 많기 때문이다.

나의 목적과 책의 내용에 따라 필요한 독서방식과 기술이 다르다는 것을 명심하자. 모든 책을 처음부터 끝까지 순서대로 읽어야 하는 것은 아니다. 실용지식을 목적으로 하는 경우, 처음부터 끝까지 정독할 필요는 거의 없다. 원리와 원칙, 핵심 지식만 골라 읽는 방법이 효과적이다. 책의 사례는 저자의 상황에 맞게 구성된 경우이므로 굳이 읽지 않아도 무방하다. 내게 필요한 지식만 건너뛰면서 골라 읽는 것만으로 족하다. 골라 읽으면서 필요한 부분을 책의 앞, 뒤로 자유롭게 왔다 갔다 하면서 연결시키면 된다. 골라 읽기는 대충 보기와는 다르다. 필요한 부분은 정성 들여 읽어야 한다. 골라 읽기를 하면서 혹시 중요한 정보를 놓친 건 아닌가 하는 걱정이 들 수가 있다. 그러나 우리는 이미 서문과 목차를 훑어보았기 때문에 그런 염려를 할 필요가 없다. 이 책에서 자신에게 필요한 지식을 충분히 얻었다는 자신감이 필요하다.

필자의 골라 읽기를 예로 들면, 두뇌에 대한 실용적인 지식을 쌓으려는 경우, 개론책을 정독하면서 천천히 읽는다. 뇌에 대한 기본개념이 어느 정도 잡히면 그다음부터는 처음부터 읽는 경우는 거의 없다. 이미 뇌의 부위별 역할, 뉴런의 작동방식 등 기본적인 개념이 머릿속에 들어 있기에, 독서에 도움이 되고 잘 활용할 수 있는 관련 정보만 공을 들여 읽는다. 뇌는 강한 자극이 오래 남으므로 가급적 감동하며 읽으면 기억에 오래 남는다는 지식을 배운다. 우리 뇌는 반복되는 자극을 강하게 연결하므로 중요한 주제는 직접 정리한 독서노트를 다시 읽는 시간을 가진다. 이렇게 여러 책에서 뇌에 대한 지식을 골라 읽으면서 독서에 활용한다. 비록 뇌 전문가는 아니라 하더라도, 내게 필요한 독서를 위해 뇌를 효과적으로 활용하는 방법은 터득하게 된다. 골라 읽기는 나의 시간과 노력을 최대한 효과적으로 사용하는 독서기술이다.

다양한 독서기술을 익히면 '이 책은 어떤 방법으로 읽으면 좋을까?'를 생각하게 되고, 그럴수록 책 읽는 재미가 배가된다. 내가 활용할 수 있는 독서의 기술이 늘수록 독서가 효과적이 되며, 즐기는 수준에까지 이르게 된다. 심지어 내 방식을 다른 사람에게도 알려주고 싶어 안달이 난다. 이러니 어찌 독서를 좋아하지 않을 수 있겠는가! 힘들게 억지로 읽기만 하는 독서에서, 내가 익힌 독서기술을 활용하는 즐거운 놀이로 전환되는 것이다. 이제 독서기술을 익힐 마음이 생겼는가!

독서기술과 활용법

- **훑어 읽기**
  서문과 목차에 집중, 책 전체 개요파악에 적합

- **골라 읽기**
  선택과 집중으로 효과적 독서, 실용서적에 적합

- **반복 읽기**
  깊은 이해에 도움, 독서 자신감 고양과 관점 다양화에 적합

- **꼬리 물며 읽기**
  지금 읽는 책에서 다음 책 찾기, 지적영역 확장에 적합

- **한 주제 깊이 읽기**
  내 지식에 깊이를 만드는 데 적합

- **한 작가 전작 읽기**
  저자의 사고방식과 사고수준 깨닫기에 적합

깊이읽기로 지식을 단단하게,
전작읽기로 작가의
사고수준에 도전하자

지금 당신이 리더십에 대해 관심이 있거나, 실제로 필요한 경우라면 이때를 잘 활용하는 것이 좋다. 바로 한 주제를 깊이 읽는 방식이다. 보통의 경우 필자는 분야를 넘나들며 과학, 철학, 사회과학, 문화예술, 실용서적을 두루 읽는 편이다. 그러나 하나의 주제에 대해 호기심이 생기거나, 필요성이 생길 경우에는 다른 분야는 잠시 접어두고 관심 주제를 깊이 파보는 방식을 택한다. 이때 적합한 독서방식이 바로 한 주제 깊이읽기 방식이다.

리더십에 관한 다양한 책들이 서점에 있다. 범위를 리더십으로만 좁혀도 대략 70여 권이 넘는다. 그러나 깊이읽기는 주제를 리더십에 하나에만 한정하는 방식이 아니다. 리더십과 긴밀

독서로의 초대

하게 관련된 주제인 경청, 존중, 솔선수범, 다양성, 소통을 동시에 배우는 방식이다. 다만 이들 관련 책을 읽을 때도 나의 핵심 관심사인 리더십과 연관 지어 읽을 뿐이다. 경청, 존중, 솔선수범, 다양성, 소통을 리더십 파악을 위한 배경지식으로 활용하는 것이다. 카리스마 리더십, 서번트 리더십, 리더십골드 책들을 한동안 깊이 있게 읽어가면 평소와는 다른 느낌과 생각이 다가오는 순간이 있다. 이때가 이 주제에 대해 나만의 관점이 생기는 순간이다. 분석하고, 비교하고, 통합하면서 나만의 통찰력이 생기는 경험을 하게 된다. 리더십에 대해 내 나름의 정의를 내릴 수 있게 된다.

내게 리더십이란 책임은 내가 지고, 성과는 담당자에게 돌리는 행동이다. 자신만의 정의가 옳으냐? 틀리냐?는 중요한 게 아니다. 깊이읽기를 통해 자신에게 떠오른 영감을 가슴 깊이 새기고, 그것을 실천하는 자세가 더 중요하다.

시간과 노력을 집중해서 한 주제를 깊게 읽어보자. 무슨 일을 하든, 누구를 만나든, 어디에 있든, 그 주제와 관련시켜서 보고, 듣고, 생각하는 경지에 이를 때까지 한 주제에 깊이 빠져보자. 가족과 대화하면서도, 동료와의 술자리에서도, 친구들과 이야기를 나누다가도 리더십과 연관 짓고, 이렇게까지 해야 하나 싶은 생각이 들 때까지 깊게 파고들어 보자. 이렇게 습득한 지식은 결코 잊히지 않는다.

그리고 더 중요한 것은 깊이읽기를 통해 이런 경험을 한번 겪고 나면, 독서 자체에 대한 나의 인식과 태도가 달라진다는 점이다. 이런 경험을 몇 차례 더 하게 되면 독서는 내게 단지 지식습득만을 위한 행위가 아니다. 책이 나와 무관한 존재가 아니다. 독서에 대해 자신감이 생기고 애착이 생겨난다. 이런 과정을 통해 리더십을 배우고 익혀서 활용할 수 있게 되었다면, 다른 주제인들 도전하지 못할 까닭이 무엇인가? 경청, 배려, 존중으로 관계개선에 나서고픈 마음이 절로 든다. 깊이읽기를 통해 다음 주제를 찾아 나섰다면, 이미 깊이읽기가 내게 체화(體化)된 것이다. 이제 보다 적극적으로 활용할 일만 남아 있을 뿐이다. 또 하나의 독서방식으로 한 저자의 전작읽기가 있다.

필자는 한동안 최진석 교수의 책에 심취한 적이 있다. 그 해박한 지식의 넓이와 깊이에 감탄한 적이 한두 번이 아니다. 처음에는 『생각하는 인문학』으로 그야말로 최진석 교수의 글에 입문하게 되었다. 이 책을 읽고 자연스럽게 다음 책으로 『탁월한 사유의 시선』을 읽게 되었다. 이때부터 저자가 '무엇을 말하는지? 내게 무엇을 요구하는지?'를 생생히 깨닫게 되었다. 서둘러 최진석 교수의 다른 책들을 찾아 나섰다. 마침 도서관에 3권의 책이 더 있었다. 『경계에 흐르다』와 『생각하는 힘 노자 인문학』 그리고 『혼자 읽는 도덕경』이었다. 다른 책은 제쳐두고 3권을 연달아 읽었다. 그리고도 저자의 안목에 이르기 위해 『탁월한 사유의 시선』을 두 번 더 읽었다.

이제 나는 한동안 최진석 교수를 내 마음속 스승으로 모실 것이다. 그의 안목으로 지금의 내 삶과 내 모습을 보려 하는 내 자신을 발견했기 때문이다. 한동안 내게 다른 철학서들이 눈에 들어오지 않았다. 한때 즐겨 읽었던 니체, 플라톤, 공자와 맹자를 이 순간만큼은 내게서 잠시 떠나 보냈다.

전작(全作)읽기는 이처럼 강렬한 몰입을 경험하게 한다. 전작을 읽으면서 저자의 사고방식과 사고수준, 심정을 세밀하고 생생하게 이해하게 된다. 한 문장 한 문장이 의미를 가지고 내게 다가온다. 시간 간격을 두고 한 저자의 책을 드문드문 읽는 방식과는 확연히 다른 차원의 시선에 이르게 된다.

한 작가 전작읽기는 독서를 통해 저자의 안목을 배우고 익히는 독서방식이다. 그 행간에 흐르는 숨겨진 비의(秘意)를 캐내고야 마는 수준 높은 독서방식이다. 지금 읽는 책이 앞서 읽은 책을 보충 설명하고, 다음 읽을 책의 이해를 더 풍요롭게 만든다. 저자의 심정으로 책을 대하는 덕분에, 어떤 심정과 태도로 이 글을 썼는지를 온몸으로 느끼게 된다.

전작읽기는 저자의 사고방식과 사고수준을 배우는 최적의 독서방식이다. 누군가의 책에 가슴 깊은 전율을 느끼는가? 그렇다면 그 저자의 다른 책에서도 감동을 받을 확률 역시 매우 높다. 소위 말해서 나와 코드가 맞기 때문이다. 직접 만나야만 감동을 받거나, 강연을 들어야만 대화를 나눌 수 있는 건 아니다. 그 마음에 닿았다면 이미 마음으로 교감하는 사이가 된 것이 아닐까!

모범으로 삼고 스스로 따르고픈 저자가 있는가? 전작읽기를 통해 그 정신의 넓이와 깊이에 감히 도전해 보자! 한 주제 깊이 읽기를 통해 나의 지식에 깊이를 더하자!

독서파트너와
함께 읽자

책을 읽는 행위는 오롯이 혼자의 힘으로, 혼자만 걸어가야 하는 외롭고 힘든 여정이다. 자고로 외롭고 힘든 길일수록 동반자가 있으면 쉬워지는 법 아닌가! 책을 읽는 동안 줄곧 혼자라고, 읽기 전이나 읽고 나서도 혼자여야 하는 건 아니다. 내가 책을 읽는 과정을 지켜봐 주고, 응원해 주고, 함께해 주는 사람이 있다는 것은 독서습관 기르기에 천군만마를 얻는 것과 진배없는 일이다. 누가 나의 독서파트너가 될 수 있을까? 가족이어도 좋고, 친구나 동료는 물론이고, 독서모임, 온라인 커뮤니티도 좋은 상대가 될 수 있다. 누구인가가 중요한 게 아니다, 얼마나 진심으로 소통하며 함께 나아갈 수 있느냐가 관건이다.

독서파트너의 역할이 정해진 것은 없지만, 간략하게 정리해 보면 이러하다. 첫째, 상호 간 책에 대한 열정을 북돋운다. 둘째, 독서내용을 교류하여 상호 간 견문을 넓힌다. 셋째, 슬럼프가 왔을 때 묵묵히 지켜봐 주며 든든한 버팀목이 된다. 넷째, 한편으로 자극이 되고 다른 한편으로 동지가 된다. 마지막으로, 독서를 함께 오래 지속하는 것이 파트너와 함께하는 주된 목적이다.

내 주위에 책에 관심이 있는 사람이 없다며 독서파트너 찾기를 포기하는 경우가 있다. 꼭 서로 만나야만 독서파트너가 될 수 있다는 스스로의 제약을 벗어버리자. 온라인 커뮤니티는 좋은 파트너를 구하는 창구가 될 수 있다. 꼭 한 사람이 파트너여야 할 필요는 없다. 다양한 사람과 책에 대한 열정을 나누고, 교류할 수 있으면 족하다.

직장인이라면 사내 독서모임을 추천한다. 너무 부담감을 느끼지 않게 가벼운 독서토크로 시작하면 좋다. 모여서 같이 차 한잔 마시면서 30분 이내로 책에 대한 대화를 나누는 것이다. 자기계발을 권장하고 지원하는 회사들이 많다. 독서하기 위해 책을 구입한다거나 독서모임을 한다고 신청하면 회사에서 크게 환영받을지도 모를 일이다. 독서모임은 5명 이내가 적당하다. 5명보다 적으면 한 사람마다의 부담이 커지고, 5명은 넘어서면 참여도가 떨어진다.

뭐니 뭐니 해도 독서파트너로 가장 추천하는 사람은 가족이다. 함께 있는 시간이 가장 길고, 평소에 하지 못한 이야기를 책을 통해 나눌 수 있는 그야말로 일석삼조의 효과를 볼 수 있다. 함께 책을 읽어서 좋고, 서로의 생각과 느낌을 나누면서 서로를 더 잘 알 수 있어서 좋고, 무엇보다도 같은 체험을 나눈다는 것이 가족애를 형성하는 데 큰 도움을 준다. 무슨 일이든 너무 과하면 탈이 나게 마련이다. 가족들의 상황을 고려하여 지나치지 않은 선에서 독서가족모임을 시도해 보자. 각자 자기 생활이 있는 가족이라면, 두 달에 한 번 정도면 적당하지 않을까 생각한다. 친구가 독서파트너라면 서로의 성향과 기질을 잘 알고 있으므로, 책을 추천하고 공감대를 형성하기가 편하다는 장점이 있다.

흔하지는 않지만 저자에게 편지나 이메일을 보내는 것도 괜찮다. 의외로 저자로부터 회신을 받는 경우가 드물지 않다. 책을 읽으면서 궁금했던 내용, 관련된 질문, 나의 생각이나 느낌을 솔직하게 전해보자. 어떤 부분을 제대로 이해하고 있는지? 어디를 보강해야 할지를 누구보다 저자가 가장 잘 알고 있다. 편지를 몇 번 주고받다 보면 교류하는 관계로 발전할 수도 있다. 나의 독서파트너로 저자가 한 사람 있다는 것은 나의 독서습관 형성을 위한 든든한 버팀목이 된다. 좋은 책을 추천받거나 책에 대한 깊은 얘기를 나눌 수 있기 때문이다. 책을 읽는 과정은 비록 혼자이더라도, 함께 읽고 배우려는 노력을 포기해서는 안 된다.

독서파트너와 함께 책을 읽으면서 주의할 점이 몇 가지 있다.

절차의 시시비비를 가리려거나, 누가 낫냐를 기준으로 삼으면 안 된다. 경쟁이 아니라 협력이며, 다툼이 아니라 연대라는 것을 분명히 인식하고 시작해야 한다. 협력과 연대 관계일 때, 독서생활은 활기가 생겨나고 더 탄력을 받게 된다. 책을 읽으면서 파트너와 만나서 대화할 생각을 하면, 벌써부터 설레고 반가운 마음이 든다. 나와 함께 독서라는 외롭고, 힘든 길을 걸어가는 동반자가 있다는 것만으로도 얼마나 의지가 되고, 힘이 샘솟겠는가!

지난주에 내가 읽은 헤밍웨이의 『노인과 바다』를 파트너는 어떻게 느꼈을까? 어디서 감동받고 어느 문장에서 읽기를 멈추었을까? 그는 얼마나 나와 다르면서도 같은 면이 많은가! 파트너의 시선으로 이 책을 읽는다면 지금의 나와 얼마나 또 다른 관점을 배우게 될까! 읽은 책에 대해 서로 대화를 나누고, 토론하며 서로의 생각을 더욱 깊어지게 하자. 함께 함으로써 독서의 유익함과 즐거움을 배가시키자!

독서파트너, 독서모임, 독서토론, 온라인 독서 커뮤니티 무엇이든 괜찮다. 서로에게 독서열(讀書熱)을 일깨우고 든든한 버팀목이 될 수 있기만 하다면! 혼자는 외롭다. 같이 가야 오래간다. "빨리 가려면 혼자 가라, 그러나 멀리 가려면 함께 가라"는 말도 있지 않은가! 독서파트너와 함께 가는 길은 멀리 갈 수 있을 뿐만 아니라, 즐겁기까지 하다!

매일 읽는 것보다
더 좋은 방법은 없다

시간이 남아서, 할 일이 없어서 책을 읽는 사람은 없다. 설령 있다 하더라도 이런 식으로는 독서습관이 길러지지 않는다. 독서는 한때의 취미나 여가활동이 아니다. 독서가 나의 인생이 되게, 생활습관이 되게 만드는 유일한 방법은 매일 읽는 수밖에 없다.

습관이란 무엇인가? 결심을 굳게 하지 않아도, 엄청난 노력을 하지 않아도 자연스럽게 되풀이하는 행동이 아닌가! 독서를 나의 습관으로 만들기 위해서, 독서목적을 명확하게 하고, 독서에 우호적이 여건을 조성하고, 독서파트너를 만들고, 독서기술을 익혀왔다. 그러나 다른 준비가 아무리 철저하고 완벽해도, 매일 책을 읽지 않으면 금방 무용지물이 되고 만다.

현대를 살아가는 우리는 언제나 바쁘다. 일을 해야 하고, 친구와 술도 마셔야 하고, 연인이랑 데이트도 해야 하고, 즐겁고 신나게 인생도 즐겨야 한다. 어디 그뿐인가? 시간과 노력을 들여 SNS에 내 활동을 올리기도 해야 하고, 지인 SNS에 댓글도 남겨야 한다. 그러고도 시간이 남는다면 그때서야 기꺼이 아량을 베풀어 책을 읽기를 원한다.

나도 그럴 수만 있다면 할 거 다 하고, 쉴 거 다 쉬고, 그러고도 남는 시간에 책을 읽고 싶다. 이런 태도로 책을 대하는데도 독서가 내 삶에 자리 잡아 습관이 될 수 있겠는가?! 주변의 수많은 유혹들을 물리치고, 나의 친구요, 스승으로 삼을 수 있겠는가? 방법은 오직 하나뿐이다. 틈만 나면 읽고, 틈을 내서 읽고, 틈이 없어도 읽는 수밖에 없다. 틈이 없는데 어떻게 읽느냐고? 그런 사람만이 독서가 습관으로 자리 잡은 사람이 되는 게 아닐까! 한 번도 해보지 않았을지 모르지만, 바쁜 일상에도 생각보다 책을 읽을 수 있는 자투리 시간이 정말 많다.

몇 가지 예를 들면, 아침에 눈 뜨자마자 한 페이지, 커피 마시며 한 문장, 출근하면서 몇 페이지를 읽을 여유가 있다. 점심식사 후 몇 분, 오후 졸음이 오는 시간 몇 분, 퇴근시간 이후 사무실에서 30분 정도, 퇴근하면서 몇십 분, 저녁 먹고 나서 몇 분, 침대에서 잠들기 전 몇 분, 여기에다 공휴일, 주말, 휴가까지 계산하면 책 읽을 시간이 없다는 생각이 얼마나 두리뭉실한 자기 평가인지 실감하게 된다.

모든 자투리 시간과 여가시간을 책에 투자하라는 게 아니다. 그럴 수도 없고 그래서도 안 된다. 우리는 현실에서 잘 살기 위해 책을 읽는 것이지, 책을 읽기 위해 살아가는 것은 아니기 때문이다. 그러나 책을 내 동반자로 삼고 싶다면, 독서를 나의 습관으로 만들고 싶다면, 자투리 시간을 할애하지 않을 수 없다.

일주일에 몇 권 읽는다고 독서습관이 생기지 않는다. 휴가 기간 내내 책만 읽는다고 독서가 내 생활습관이 되는 게 아니다. 심지어 하루걸러 이틀에 1시간씩 책을 읽더라도 습관으로 자리 잡기는 어렵다! 매일 읽는 수밖에 달리 방법이 없다. 일이 늦게 끝나서 도저히 책을 읽을 시간이 없을 때, 책을 펼쳐두고 그냥 잠들자. 어쩔 수 없는 술자리에서 불가피하게 취한 날, 책에 머리를 파묻고 잠들자. 몸이 아파 비몽사몽 지경을 헤매는 날 책을 안고 쉬자. 이래도 저래도 도저히 책을 읽을 수 없는 상황이라면, 이전에 읽었던 한 문장, 한 구절이라도 되뇌어 보자. 이런 노력을 기울일 때 책이 나와 멀어질 수 있겠는가? 내가 꿈속에서도 책을 외면하지 않을 때, 눈을 번쩍 뜨는 동시에 내 손에 책이 들려 있지 않겠는가! 별생각 없이 멍하니 앉아 있는데 느닷없이 책 한 구절이 떠오르지 않겠는가!

같은 행동을 21일 이상 실행하면 습관이 되기 쉽다고 한다. 누구는 3개월을 지속해야 일상에 자리 잡을 수 있다고 한다. 나는 믿지 않는다. 3년을 계속 책을 읽어왔어도 지난 며칠 동안 책을 읽지 않았다면 독서가 아직 습관이 된 게 아니다. 1,000권을 읽었어도 하루에 한 줄이라도 읽어야만 마음이 편해지는 게 아니라면 아직도 멀었다. 내게 독서습관을 만들고 지켜나가는 유일한 방법은 매일 읽는 것이다. 이유가 있어도 읽고, 이유가 없어도 읽는다. 습관이란 원래 그런 거 아닌가? 그냥 하고, 할 수밖에 없는 행동이 아닌가!

어제는 하루 종일 사람들과 만나느라 겨우 화장실에서 한 페이지밖에 읽을 수가 없었다. 그래도 괜찮다. 내 머릿속은 이미 책과 함께 있기 때문이다. 공자님이 『논어』에서 "성상근 습상원(性相近 習相遠)"이라 했다. 우리가 타고난 자질은 그리 차이가 없다. 그러나 습관에 의해 차이가 만들어진다. 그만큼 좋은 습관을 만드는 일은 바람직한 삶에 큰 영향을 미친다.

매일 운동하는 사람이 건강하듯이, 매일 책을 읽는 사람의 정신이 건전하고 활기차지 않겠는가! 매일 읽자. 자투리 시간을 활용하자. 매일 읽는 것보다 독서습관을 기르는 더 좋은 방법은 없다!

두뇌를 활용한
독서를 하자

　머리 좋은 사람이 축구도 잘한다. 아니 정확히 말하면, '자기 뇌를 잘 활용하는 사람이 운동도 잘한다'이다. 운동선수가 자기 몸만 쓰려 해서는 절대 위대한 선수로 성장하지 못한다. 꾸준한 연습은 물론이고 자기 두뇌를 잘 활용할 줄 알아야, 좋은 선수를 넘어 위대한 선수가 될 수 있다.

　하물며, 이해력, 사고력, 판단력, 창의력을 길러야 하는 우리 독서인들에게 끈질기게 앉아 있는 내 엉덩이만이 믿는 구석이어서는 안 된다. 나의 두뇌를 활용하고 일깨워야 한다. 우리의 뇌는 뉴런과 시냅스의 연결로 이루어져 있다. 자극이 강할수록, 반복될수록 시냅스 연결 숫자가 늘어나고, 더 두꺼워진다.

독서에 어떻게 두뇌를 잘 활용할 수 있을까? 두뇌에 강한 자극을 줄 수 있는 방법은 감정이입과 몰입이다. 머리가 쩍 갈라지는 충격을 느끼고, 감동으로 환희에 차며, 감탄으로 자기 무릎을 탁 내리치며 책을 읽자. 처음에는 다소 어색하기 쉽기에 일부러라도 과장해도 좋다. 우리 뇌는 실제와 상상을 구별하지 않는다. 엄밀히 말하자면, 우리의 지각은 있는 그대로의 세상이 아니라, 나의 감각과 경험에 의해 해석된 나의 상상이다.

독서에 나의 오감을 활짝 열고, 적극 활용하자. 소설을 읽을 때는 글에서 묘사하는 감각만이 아니라, 나의 또렷한 상상으로 표현되지 않는 감각까지 생생히 상상하자. 책에서 깊은 숲에서 지저귀는 새소리를 묘사하고 있는가? 그렇다면 그 서늘한 기운과 어둑한 시야, 약간 비릿한 숲의 냄새까지 떠올려 보자. 이런 상태에서 읽은 책은 나의 두뇌를 무료하게 가만 놓아두는 대신, 계속 깨어 있게 만든다. 내가 상상한 생생한 감각들이 자극하고 있는데, 뇌가 심심해질 수 있겠는가?

저자의 심정이 공감이 가는 부분에서는 내 마음을 저자와 공명시키려 하자. 징비록을 써 내려간 서애 유성룡의 충심과 비애가 내 가슴을 치게 하자. 우리나라 우리 민족이 당한 치욕이 어찌 과거의 일만이겠는가? 지금도 힘이 없고, 실력이 없어 우리나라와 국민이 겪는 설움과 한이 얼마나 많은가! 임진왜란은 우리 민족에게 치욕이지만, 강대국의 힘에 눌려 부당하게 거래를 강요당하는 지금은 그냥 눈감아도 되는 일인가? 임진왜란은 생사가 걸린 문제이니 심각해도, 경제종속은 그래도 살아갈 수

독서로의 초대

는 있으니 별로 대수롭지 않은 일인가? 시대가 다르고 상황이 다르다 하더라도 배우고 잊지 말아야 할 교훈은 언제나 있는 법이다. "역사를 잊은 민족에게 내일은 없다"지 않는가!

지난 역사에서 지금의 활로를 찾으려는 노력과 태도가 나의 뇌를 각성케 한다. 내 감정까지 깊숙이 관여된 독서이기에 더욱 강렬하게 나의 뇌에 내리꽂힌다. 나와 상관없는 일이라 여기면 누구나 무신경해지게 마련이다. 우리 두뇌는 태생적으로 인지적 구두쇠이다. 게으르고 신경 쓰고 싶어 하지 않는다. 감정을 개입시켜야만 마지못해 경계령을 발동하고, 의식을 집중하게 된다. 그러니 감동과 감탄을 아끼지 말자.

우리 두뇌는 반복할 때 그 일을 중요하게 인식하고 애써 잘 기억하려 한다. 친구 이름, 심지어 가족의 이름까지 잊어버리는 치매환자라도 자기 이름까지 기억하지 못하는 경우는 거의 없다. 왜 그럴까? 평생 가장 오래, 많이, 자주 들어왔기 때문이다. 매일 하루에도 수십 번씩 들어온 이름을 잊을 리 있겠는가!

3.7.1 학습법이 있다. 학습한 내용을 3일 이내, 다시 7일 이내에, 그리고 다시 한 달 뒤 리마인드하며 기억에 오래 저장하는 학습법이다. 그러나 하루 종일 학습만 할 수 있는 학생이 아닌 우리들에겐, 하고 싶어도 현실적으로 시간과 여건이 허락되지 않는 방법이다.

필자는 일주일 학습법을 권장한다. 일주일 읽고 정리한 독서 노트를 주말에 1시간을 할애하여 리마인드 하는 독서법이다.

일주일 동안에 많은 일들이 일어나고, 많은 지식과 경험을 쌓겠지만, 주말 1시간 독서노트 정리로 중요한 지식과 경험을 생생하게 리마인드할 수 있다.

우리가 기억하지 못한다고 해서 완전히 잊어버리는 건 아니다. 다만 내 의식의 전면으로 떠오르지 못한 채, 주변부를 맴돌고 있을 뿐이다. 일주일 리마인드 독서법은 의식 주변에 잠재되어 있는 기억들을 재활성화시키는 효과적인 방법이다. 일주일이면 기억에서 완전히 사라진 게 아니라, 주변부에서 잠재되어 있는 상태이므로 핵심키워드 몇 개로 연상된 내용을 떠올리기만 해도 다시 의식의 전면으로 되살아나게 된다. 이렇게 다시 되살아난 지식과 경험은 이제 장기기억으로 저장될 확률이 훨씬 높아진다. 이 말은 언제든지 유사한 상황을 맞거나, 연상된 기억이 떠오르면 내가 다시 활용할 수 있다는 의미이다.

감정을 이입한 강화독서, 지식을 되살리는 반복독서가 우리 뇌와 독서를 긴밀하게 연결시켜 주는 활동이 되는 이유이다. 강화독서와 반복독서로 나의 뇌를 자극하고 활성화시키자! 책을 읽을수록 두뇌가 활성화되어, 자연히 사고력이 향상되고 두뇌가 깨어 있으므로 독서가 더 잘될 수밖에 없지 않겠는가!

리마인드 독서를 할 때 이미지, 마인드맵, 도표 등 다양한 생각도구를 활용하자. 반드시 글로만 정리해야 할 필요는 없다. 오히려 다양한 도구를 사용할수록 효과적이다! 두뇌와 싸우려 들지 말고, 두뇌를 활용하는 독서를 하자!

독서로의 초대

두뇌활용 독서법

- 오감을 총동원하여 생생하게 읽는다.
- 손으로 정리하고 요약하면서 읽는다.
- 내 지식과 경험과 연결하며 읽는다.
- 앞서 읽은 책과 연계하며 읽는다.
- 일상문제 해법을 책에서 찾으려 생각하며 읽는다.

자신에게 설명하고,
타인에게 가르쳐 보자

책을 읽고 배웠으면 이제 익힐 차례이다. 읽었다고 내 것이 되는 게 아니라, 내 몸에 익힌 것만 내 것이 된다. 습득(習得:꾸준히 익혀서 내 것으로 만든다)이란 말은 있어도 독득(讀得:한 번 읽어서 내 것으로 만든다)이란 말은 없다. 그만큼 반복해서 익혀야 얻을 수 있다는 말이 아니겠는가! 우리는 책을 눈으로 한 번 읽고, 내 생각과 느낌을 글로 쓰면서 한 번 읽고, 정리하고 요약하면서 다시 한번 읽는다. 이렇게 세 번 읽는 것만으로도 얻을 수 있는 게 많다. 그러나 이왕이면 조금 더 욕심을 내자. 그렇게 시간이 오래 걸리거나, 노력이 많이 드는 일도 아니다.

바로 자기 자신에게 설명해 보는 방법이다. 한 번이라도 남에게 가르쳐 본 적이 있는 사람은 안다. 그냥 읽는 것과 남에게 가르치기 위해 읽는 것이 얼마나 다른지! 더군다나 읽은 것은 그대로 가르칠 수 있을 만큼 깊이 이해하고 있는 게 아니다. 내 문장으로 표현하고 내 생각으로 정리한 것만 가르칠 수 있다. 가르치려 할 때는 내가 아는 것만 준비해서는 부족하다. 상대가 무엇을 물어볼지도 미리 염두에 두어야 한다. 가르치는 입장에서 그냥 모른다고 할 수는 없는 노릇이지 않은가! 그렇기에 책을 읽는 태도부터 달라지게 된다. 조금 더 깊이 이해하려 하고, 자신이 궁금한 것도 생각해 보고, 상대가 궁금해할 것까지 생각해 보게 된다.

자기 자신에게 설명할 때라도 이런 준비는 필요하다. 자신에게 설명해 가는 과정에서 '무엇을 놓쳤는지? 무엇에 대한 이해가 부족했는지?' 깨닫게 된다. 설명을 위해 준비하면서 익히게 되고, 설명하면서 다시 한번 익히게 되고, 설명하고 나서 다시 상기하면서 또 익히게 되니 총 세 번을 다시 익히는 셈이 된다. 읽으면서 세 번, 가르치면서 다시 세 번, 총 여섯 번을 되풀이하게 된다. 가르치는 사람이 언제나 배우는 사람보다 기억을 잘할 뿐만 아니라, 오래 기억을 할 수 있는 이유이다. 학창시절 선생님은 지난 시간에 가르쳤던 방정식을 기억하는데, 편안하게 앉아서 배우고 있던 나는 그게 언제적 일이었던지 까마득한 경우가 얼마나 많았던가!

자신에게 설명하는 방법을 정리하면 이렇다. 첫째, 무엇을 설명할지 주제를 정한다. 둘째, 기간(예를 들어 일주일)을 정해서 주제 관련 책을 읽는다. 셋째, 질문을 미리 생각하고 준비한다. 넷째, 스스로 총평하고 글로 정리한다. 이때 중요한 것은 기존 지식과 경험에만 기대지 않는 것이다. 새로운 지식, 다른 관점, 반대되는 주장을 의식적으로 시도해 보자. 가르치는 입장에서도 생각해 보고, 배우는 입장에서도 생각해 보자. 혼자서 질문하고 답하면서, 정/반/합을 경험해 보는 것이 중요하다. 이 방법으로 기존지식을 보다 명료하게 만들고, 새로운 지식과 관점을 만들어 가는 것이 핵심요령이다. 준비시간은 주제에 따라 달라지겠지만, 설명시간은 설명 10분, 질의응답 5분, 총평 5분이면 부족하지 않다.

자기설명의 장점은 다양한 관점에서 해당 주제를 바라보는 연습이 된다는 것이다. 자기주장을 찬성해 보고, 반대해 보고, 통합해 보면서 폭넓은 안목을 기를 수 있다는 장점이 있다. 물론 깊이 이해하고 내 것으로 익히는 것은 자연스럽게 따라오는 이득이다.

여건이 된다면 타인에게 설명해 보는 것을 추천한다. 조금은 쑥스럽고 기회를 찾기가 쉽지 않을 수도 있지만, 자신에게 설명할 때와는 다른 경험을 할 수 있다. 내 자신이 아무리 준비를 해도 내 예상 밖의 질문을 할 수가 없지만, 상대는 아예 질문을 예상하는 자체가 어렵기 때문이다. 창피를 당하지 않기 위해서라도, 더 많이 준비할 수밖에 없고, 설명하면서 나와 다른 생각과 느낌을 만날 수 있어서 좋다.

중요한 것은 책을 읽는 것만으로, 내 생각을 발견하는 것만으로 만족해서는 안 된다는 것이다. 확실히 익혀서 내 것으로 만들려는 태도와 노력이 반드시 따라야 한다.

아들 녀석에게 유발 하라리의 『사피엔스』를 설명하려니 벌써부터 진땀이 난다. 어떻게 관심을 끌까? 어떤 방법으로 머리에 쏙쏙 들어가게 만들 수 있을까? 엉뚱하게 내 예상을 벗어나는 질문을 하면 어떡하지? 아버지 체면에 눙칠 수도 없는데. 그러나 지난번 재레드 다이아몬드의 『총, 균, 쇠』도 멋지게 설명했는데 이번이라고 못 할 이유가 무엇인가? 더군다나 나의 시간과 노력을 엄청 쏟았음에도 불구하고 공짜로 가르쳐 주기까지 하겠다는데 말이다.

이렇게 한두 번 설명하는 경험을 쌓다 보면, 은연중에 이런 순간을 즐기는 자신을 발견하게 될지도 모른다. 내가 책만 잘 읽는 줄 알았더니 혹시 강의에도 소질이 있는 거 아니야?! 이런 즐거운 상상만으로도 독서는 나의 즐거움이 되고, 내 삶에 생기를 불어넣어 주는 고마운 존재가 된다. 교학상장(敎學相長)을 직접 체험해 보자! 설명하고 가르쳐 봄으로써, 이해의 폭을 넓히고, 읽은 것을 확실히 내 것으로 만들자!

독서계획을
세우자

　독서습관은 하루 이틀 만에 형성되지 않는다. 의식적인 노력과 꾸준한 실천이 있어야만 유익한 독서습관을 만들 수 있다. 독서가 단지 유희나 취미활동이 아니라면, 독서계획을 수립하여 실천하자. 무슨 일이든 계획을 세운다는 자체가 내 의지의 표출이며, 반드시 하고야 말겠다는 결심의 첫걸음이기 때문이다. 언제, 어디서, 얼마나 읽을지 구체적으로, 현실적 여건과 역량을 고려하여 실천 가능하게, 그리고 반드시 기한을 정하자.

　필자의 경우 하루의 독서계획은 아침에 서재에서 6시에 10분간 점검한다. 하루 동안 얼마나 계획을 실천했는지를 파악하기 위해서 읽은 분량, 시간, 독서노트 분량 등 자신이 중요하다 여기는 것을 기준으로 삼을 수 있다. 필자는 시간과 집중도를 기준으로 삼는다.

직장이 있는 사람들은 자기현실을 반영해야 지속할 수 있다. 내 시간을 잘 분석해서 지나치지 않으면서, 게으르지 않은 독서계획을 세우자. 독서활동 기간은 상황에 따라 유동적이지만, 주간 단위로 계획을 세우는 것이 유용한 경우가 많다. 우리의 일상이 주간 단위로 계획되고, 일정이 잡히는 경우가 많기 때문이다. 주간 단위로 독서계획을 세우면 평일과 주말을 유연하게 활용할 수가 있다.

독서계획이 독서습관 형성에 도움이 되는 이유는 첫째, 독서계획을 세움으로써 자신과의 약속을 굳건히 하고 달성해야 할 목표가 명확해지기 때문이다. 둘째, 독서계획을 수립함으로써 다양한 분야를 두루 섭렵할 수 있기 때문이다. 특정 기간에는 하나의 주제에 몰입하더라도 전체적으로는 계획적으로 다양한 분야를 두루 읽을 수 있다. 셋째, 계획을 세우고 실천하면서 피드백하고 개선하는 시간을 가질 수 있기 때문이다. '무엇을 잘 했는지? 무엇을 개선해야 할지?'를 생각하고 배우면서 개선해 나감으로 독서력이 향상되고, 덩달아 독서열도 고취된다.

그러나 독서계획수립이 아무리 좋은 점이 많다 하더라도, 지나쳐서 일상의 스트레스가 되면 오히려 역효과가 생긴다. 과유불급은 독서계획수립에도 예외가 아니다. 적당한 자극이어야지 지나친 중압감이어서는 안 된다. 아울러, 주간계획을 잘 실천했다면 스스로를 칭찬하고 보상해 주는 것이 좋다. 뿌듯한 생각에 젖어보는 것도 좋고, 가족이나 주변에 자랑하는 것도 좋다. 자기보상은 음식이나 휴식도 좋고, 자기가 좋아하는 책갈피, 노트, 펜 등 독서 관련 선물도 좋다.

독서습관을 기르기 위해, 독서계획을 세우는 것에서부터 시작하자. 긴 호흡으로 일희일비하지 않도록 나의 여건과 자질을 반영하여 꾸준히 지속할 수 있게 계획을 세우자. 마음이 내킬 때라면 누구나 책을 읽을 수 있다. 심지어 제법 오랜 기간을 읽을 수도 있다. 그러나 독서계획을 수립해서 체계적으로 읽는 사람과 두서없이 닥치는 대로 읽는 사람의 지적 성취는 수준과 깊이에서 확연한 차이가 난다. 어디로 가는지를 아는 사람만이 지금 내가 어디 있고, 얼마나 잘하고 있는지를 알 수 있는 법이다.

오늘 우연히 책을 손에 잡게 되었더라도 좋다. 내게 다가온 이 우연을 독서습관을 형성하기 위한 기회로 만들자. 그 첫걸음이 독서계획을 수립하는 일이다. 독서계획수립은 보다 능동적, 적극적으로 내게 맞는 책을 찾아 나서고, 더 많은 것을 배우며, 더 깊은 의미를 찾을 수 있게 나를 분발시킨다. 독서계획수립이 내 지식의 폭을 넓게, 깊이를 심도 있게 만든다. 계획된 독서활동은 나의 성취를 높이고, 내 자신을 한층 더 성장시키는 바탕이 된다.

목적지가 없는 배는 아무 곳에도 이르지 못한다!!! 독서계획을 세워 내게 맞는 시간, 장소, 방법을 찾자! 구체적인 독서계획으로 독서습관을 기르자!

독서성공체험을
쌓아가자

독서를 꾸준히 하겠다는 의지만으로는 금방 한계에 이르고 만다. 내게 쓸모가 있을 때, 성공체험을 몸으로 느낄 때 더욱 독서에 매진하게 된다. 지금 내 수준보다 다소 높은 지적 도전을 감행하자. 내 관심 분야에서 최고수준의 책에 도전해 보자. 한 번에 많이 이해하지 못할지라도 괜찮다. 한 번이라도 올라가 본 산에는 좀처럼 겁을 먹지 않는 법이다. 그보다 낮은 산들에는 자신감이 생겨난다. 내 자신을 믿고 더 과감하게 도전할 수 있다.

내게는 칸트의 3대 비판서가 지적 고봉이었다. 몇 번을 읽다가 중도에 그만두었다가 다시 시도하곤 하였다. 어쩌면 칸트라는 거인에게 먼저 기가 눌려 있었기 때문이었을 수도, 한 번에 모두 이해하려는 나의 욕심 때문이었을 수도, 그 당시 나의 지적 수준이 낮았기 때문이었을 수도 있다. 그럼에도 불구하고 끝까지 완독해냈을 때의 기쁨은 상당했다. 무언가를 넘어섰다는 자신감이 솟구쳤다. 구체적으로 내 사고수준이나 내 행동이 눈에 띄게 변화된 것은 없었다. 그럼에도 다른 어떤 책이라도 도전할 수 있겠다는, 한 번 더 칸트의 3대 비판서를 읽는다면 더 잘 이해할 수 있겠다는 확신이 들었다.

책을 읽다 보면 누구나 슬럼프를 겪고, 장벽을 만나게 된다. 이때는 철저한 이해는 제쳐두고, 일단 완독하는 데 의미를 두자. 무슨 말인지 알아듣지 못해도, 절반만 이해하더라도, 책을 덮고 싶더라도 묵묵히 한 글자 한 글자를 읽어나가자. 결국은 다 읽게 된다. 다 읽고 나서 이때는 아무것도 얻는 게 없어도 좋다. 그러나 도전하는 과정에서의 내 생각, 느낌, 감정 경험은 고스란히 나의 내면에 저장되어 있다.

누가 책이란 한 번에 다 이해해야 한다고 했는가? 누가 책 내용을 전부 이해해야 한다 했는가? 대체 누가 한두 번의 독서로 저자의 사고수준에 이르러야 한다고 했는가? 몇 번에 걸쳐 나누어 읽어도 된다. 하물며 한동안 덮어두었다가, 나중에 인연이 닿으면 그때 다시 읽어도 된다. 이해가 안 되면 수십 번을 각오하고 읽으면 된다. 중요한 것은 계속 읽어가는 것이다. 이 독서성공경험이 내 독서내공을 쌓아가는 비결이다. 독서성공체험이 또 다른 독서성공경험에 나서게 만든다.

독서성공체험이 중요한 이유는 첫째, 독서에 대한 자신감이 상승한다. 둘째, 독서열을 상승시킨다. 셋째, 성공경험이 또 다른 성공도전에 나서게 한다. 한 권의 책을 계획한 시간 내에 읽어보자. 독서하면서 독서노트를 적어보자. 독서모임에 나가 내 생각을 들려주고 다른 이의 생각을 들어보자. 책 읽기에 성공한 내 자신을 칭찬하고 보상해 주자. 가족과 친구에게 자랑하자. 왜 독서가 혼자만의 은밀한 행위여야 하는가! 한 번이라도 그 일을 직접 해본 사람은 그 방법을 쉽게 잊지 않는 법이다. 독서 역시 마찬가지이다. 시간을 쪼개고, 졸음을 물리치고, 술자리를 마다하고 해낸 뿌듯한 일이며, 자랑할 만한 일이 아닌가! 이렇게 만든 한두 번의 독서성공경험이 내 독서습관의 원천이 된다. 독서에 대한 좋은 감정과 기억이 내 가슴에 깊이 아로새겨진다.

독서성공체험은 독서에 대한 나의 인식과 태도를 개선시킨다. 독서에 대한 좋은 기억이 다시 독서에 나서게 만든다. 또다시 독서를 통해 좋은 느낌을 받기를 바라기 때문이다. 독서는 지적으로 힘든 활동이다. 즉각적 보상이 없을 수 있고, 타인에게 인정받지 못하는 경우도 많다. 심지어 한가하게 책이나 본다는 핀잔을 들을 수도 있다. 이런 주위여건을 이겨내고, 계속 책을 읽기 위해서라도 나의 독서성공경험을 만드는 일은 중요하다.

독서가 내게 즐거운 일이 되면, 누구도 멈추게 강제할 수 없다. 독서성공경험을 계속 만들어 나가는 것보다 독서 자체를 기쁘게 하는 방법이 또 있을까? 나만의 독서성공 만들기에 계속 도전하고, 성공하자! 독서성공경험이 나를 꾸준히 독서에 나서게 한다.

독서 임계점을
넘어서자

목적지를 바로 코앞에 두고 멈춰 서거나 포기하는 경우가 지금까지 얼마나 많았던가! 목적지가 어디인지를 정확히 모르거나, 자기만의 기준이 없기 때문이다. 어떤 일이든 처음부터 끝까지 계속 힘든 경우는 드물다. 특정 시점을 넘을 때까지는 힘들고 고통스럽고 성취가 더디더라도, 임계점을 넘어서는 순간 고통이 기쁨으로, 더디기만 하던 속도에 점점 가속도가 붙기 시작한다.

독서활동에도 임계점이 있다. 독서활동의 임계점이란 무엇일까? 독서의 절대량, 독서시간, 집중시간, 사고력, 지식의 활용 정도 등 다양한 기준이 있을 수 있다. 어떤 기준을 세우는지는 자신에게 달려있다. 다만 자신에게 의미가 있고, 그 차이를 정량적으로 측정할 수 있으며, 정서적으로 여실히 체감할 수 있는 기준이어야 한다.

필자의 경우는 책 1,000권을 임계점으로 설정했다. 독서가 1,000권에 이르기 전에는 워낙 생각의 재료가 부족할뿐더러 생각이 단편적이며, 식견이 좁은 상태였기 때문에, 책을 읽고 이해하기에 급급했다. 내 독서량이 1,000권에 이를 때까지 꾸준히 매일 1~2권의 책을 읽으면서 독서노트를 작성하고, 주말에는 작성한 독서노트를 다시 점검하면서 마인드맵으로 정리하고 요약하는 시간을 보냈다. 독서량이 1,000권쯤에 이르렀을 때, 그야말로 사고의 폭발을 경험하게 되었다.

지금 읽고 있는 내용과 이전에 읽었던 책들이 긴밀히 연결되기도 하고, 내 머릿속에서 서로 논쟁하는 경우도 생겼다. 같은 책을 읽더라도 다양한 관점으로 이해하게 되었고, 독서로 배운 지식을 내 일상에서 활용하는 정도가 눈에 띄게 늘어났다. 때로는 책을 읽으면서 떠오른 내 생각을 메모하느라, 한동안 책을 읽어나가지 못하는 경험을 하기도 했다.

독서는 절대 편안하고 쉬운 활동이 아니다. 그야말로 치열하고 고된 정신노동이다. 섣부르게 '책이나 읽어야겠다거나 읽다 보면 무언가 얻는 게 있겠지'하는 생각으로 도전했다가, 중도에서 포기하는 경우를 몇 번이나 보아왔다. 필자도 몇 번이나 비슷한 경험을 겪어보았다. 스스로 임계점을 정해서 도전할 때는, 자신의 전심전력을 기울여야 한다. 그 기간 동안은 독서활동을 내 삶의 가장 우선순위에 두어야 한다. 전력을 다한 노력으로 일단 임계점에 이르고 나면 많은 것이 달라졌음을 인식하게 된다.

전에 이해가 가지 않던 책이라도 능히 이해할 수 있게 되고, 아무 연관이 없는 책들끼리 긴밀히 연결시킬 수 있다. 그뿐이 아니다. 소설을 읽다가도 아이디어를 얻을 수 있고, 철학책에서 예술을 발견하기도 한다. 그야말로 새롭게 개안한 듯한 느낌을 받게 된다. 처음 접하는 책이라도 내용을 미리 예상할 수 있고, 다시 읽는 책에서는 전혀 다른 지식을 깨닫게 되기도 한다. 독서와 내 삶이 연결되고, 무슨 일을 하든 책을 손에서 놓지 않게 된다. 충분히 쉬었다가 다시 책을 읽게 되더라도 언제든지 독서습관을 되살릴 수 있다.

물론 첫 임계점을 넘는 것에서 멈추어서는 안 된다. 더 높은 임계점을 세우고 계속 나아가야 한다. 세상에 읽을 책은 셀 수 없이 많고, 나의 지적 호기심은 끝이 없기 때문이다. 한 단계 더 높은 임계점을 향해 또다시 도전에 나서야 한다.

왜 한 번만이라도 독서 임계점을 넘어서는 것이 중요할까? 그 이유는 다음과 같다. 첫째, 얼마나 노력해야 독서를 통해 자신의 역량을 기를 수 있는지를 가늠할 수 있기 때문이다. 둘째, 임계점을 경험하고 나면 자신을 보다 믿을 수 있게 되기 때문이다. 한 번 경험해 본 사람은 좀처럼 새롭게 시작하는 것을 겁

내지 않고, 중도에서 좌절하기 않는 법이다. 셋째, 그동안 나의 시간과 노력을 들여 쌓아온 독서의 양적 축적이 질적 도약으로 전환되는 경험을 할 수 있기 때문이다. 이 충만한 경험이 내가 독서를 계속하게 하는 바탕이 된다. 몇 번이나 중도에서 포기하고 싶었고, 주변의 다른 유혹에 책을 손에서 놓고 싶었으며, 좀처럼 늘지 않는 자신의 독서실력에 포기하고 싶었던가! 그러나 이 모든 유혹을 이겨내고 끝끝내 임계점을 넘어섬으로써, 드디어 내 노력에 대한 보상을 받는 순간을 맞이하게 되었다. 이때부터 내 독서에 더욱 탄력이 붙기 시작한다.

책 한 권을 읽더라도 몇 권의 책을 읽은 것 같은 효과를 얻을 수 있고, 손에 잡히는 대로 책을 읽어도 원하는 지식을 찾을 수 있고, 발생한 문제를 어떤 책에서 실마리를 발견할 수 있는지를 신속히 판단할 수 있다.

독서실력은 절대 일직선으로 발전하지 않는다. 오랜 축적의 시간을 거쳐서 한 단계, 한 단계 성장하게 된다. 처음의 한 단계(임계점)를 넘어섬으로써 '독서가 결코 나를 배신하지 않으며, 내 비장의 무기가 될 수 있다'는 확신을 가지게 된다. 이런 자기 확신을 가지는 일은 독서를 지속하기 위해 매우 중요하다. 임계점을 넘어섬으로써 내 독서역량을 한 단계 더 도약시키자!

5장

왜 읽기만 하는가?
어떻게 내 삶에
활용할 것인가?

—

Invitation
To
Read

—

읽고 배운 것을
일상에서 널리 활용하자

가족에게 보내는 문자 하나에 멋진 문장을 담아 보내보자. 동 창모임에서 시(詩) 한 편 읊어보자. 대화를 나누면서 시의적절 한 격언 하나 곁들여 보자. 우리는 왜 읽고 배우는가? 어떻게 해야 좀 더 읽고, 더 배우려는 마음이 드는 걸까? 읽고 배운 것 을 자주, 많이, 꾸준히 활용할 때 그런 마음이 생긴다.

분위기에 어울리는 한마디 멋진 표현이 나를 돋보이게 하고, 더할 수 없이 상황에 어울리는 문장 한 구절이 나를 다시 보게 만든다. 하물며 축하문자나 생일문자, 힘든 시간을 보내는 지 인에게 보낼 때도 그냥 '축하합니다, 힘내세요' 대신 장석주 시 인의 「대추 한 알」을 적어 보내자. "대추 한 알조차 저 혼자, 저절로 익는 법이 없거늘, 사람인 우리에게 왜 어려움이 없겠는 가!"라는 내 진심을 한 편의 시를 통해 전해보자.

독서를 이렇게 광범위하게 일상적으로 내 삶에 활용하자. 책을 많이 읽어왔음에도 불구하고 적극적으로 활용하는 사람을 드물다. 재테크 관련 책을 읽었다면 연금이든 주식이든 대체투자든 활용해 보자. 이럴 때라야 더 알고 싶고, 알고 있던 지식이 빛나고 독서에 대한 열정이 더욱 샘솟는다.

인문고전에 무릎을 탁 치면서 감동했던 문장을 오늘 실천해 보자! "기소불욕 물시어인(己所不慾 勿施於人)"이라 했으니 내가 잔소리를 듣기 싫으면, 자녀에게 잔소리할 상황에서도 한두 번 참아보자. 이렇게 참아낸 내 자신을 대견해하고 스스로를 칭찬해 주자. 독서는 내 일상에서 활용할수록 그 가치와 효용이 커진다. 힘들게 읽고 배운 것을 왜 속에만 묵혀두고 있는가? 보다 적극적으로 활용하려 하자.

오늘 아내와 설거지에 대해 다툴 일이 생겼다. 이미 허브코헨의 『협상의 법칙』을 읽었는데도 내가 아내와 똑같은 전략과 전술만 고집한다면, 허브코헨이 통탄할 일이 아닌가! 중대하고 대단한 일만이 협상의 대상이라 여길 필요가 어디 있는가? 더군다나 배운 것을 실제 활용하면서 상대가 책의 내용대로 움직이지 않을 때, 어떻게 대응해야 하는지를 깨닫는 게 아닐까!

요즘은 주변에 시(詩)를 읽은 사람이 정말 드물다. 외우기는 커녕 시를 읽는 사람조차 눈을 씻고 찾아보려야 찾아보기 힘든 지경이 되었다. 시를 생각할 때면, 몇 년 전에 모임에서 일행과 산행할 때의 기억이 새삼 떠오른다. 대략 20명 정도가 함께 산행을 했다. 휴식시간에 다들 이런 얘기 저런 얘기를 나누고 있을 때, 누군가 일어나서 그 가을 하늘에 기막히게 어울리는 시를 낭랑하게 읊조렸다. 순간 아무도 입을 여는 사람이 없었고, 누구도 다른 이야기를 나누거나, 자기들끼리 얘기하느라 딴짓을 하지 않았다. 분명히 그 이전에도 알고 있던 그 사람인데, 그 순간만큼은 왜 그렇게 멋지고 지적으로 보이던지!

나도 그때까지 적잖이 시를 읽어왔고, 심지어 몇 편을 외우고 있었는데도 나는 미처 왜 저런 생각을 못 했을까! 왜 더불어 함께 시를 나누는 참 맛을 몰랐을까! 저 사람은 이제부터 시를 더 많이 접하겠구나! 또 어디서 누구에게 멋진 시를 읊어주려 더 열심히 시를 읽고 외우겠구나! 이게 시 한 편이 감흥을 돋우고, 함께하는 사람들에게 위로와 공감을 주는 게 아니면 무엇이겠는가! 시 한 편이 이런 감동을 전하지 못한다면 우리는 왜 시를 읽는 것인가!

돌이켜보면 지식이 없는 게 아니라, 스스로 활용하려는 생각조차 하지 않고 살아가고 있는 건 아닌가? 괜히 잘난 척, 배운 척, 아는 척한다 할까 봐 지레 움츠리고, 뒤로 빼고 있었던 건 아닌가? 정작 중요한 것은 그때 남들의 시선이 아니다. 남들은 금방 나에 관해 잊어버리고 무신경해진다. 그러나 그때의 느낌과 경험은 내 온몸에 깊게 새겨진다. 독서에 대한 평소의 나의 인식과 태도가 달라진다.

상황에 적합하게 나의 지식이 활용될 때 느끼는 그 희열은, 그 무엇으로도 바꿀 수 없을 만큼 강렬하다. 더군다나 순전히 내 노력으로 이룬 나의 성과가 아닌가! 이런 경험을 몇 번 되풀이하다 보면, 상대도 나를 대하는 태도가 달라지게 된다. 모르는 게 있을 때 누구보다 먼저 내게 물어보고, 필요한 게 있으면 먼저 내게 찾아와 상담을 요청한다. 내 지식이 남에게 나눠 주고 가르쳐 준다고 줄어드는 게 아니며, 심지어 가르쳐 주면서 다시 되새기기도 하고, 내가 모르는 것은 찾아보면서 새로운 지식을 알게 되는 것 아닌가! 이렇게 선순환을 만들 때 독서가 나의 일상이 된다.

읽기만 하고 활용하지 않는다면 우리는 쉽게 지친다. 배우기만 하고 응용하지 않을 때 우리는 답답해진다. 눈을 부릅뜨고 내가 읽은 한 문장, 한 생각, 한 지식을 써먹으려 해야 한다. 써먹으려고 하니 더 알려고 하게 되고, 더 알게 되니 더 써먹을 일이 많아진다. 독서가 습관이 되지 않을 리 없다!

10월이 시작되는 첫날인 오늘, 나는 가족과 친구들에게 김동규의 〈10월의 어느 멋진 날〉을 띄워 보낸다. 이 노래를 듣는 동안 나를 떠올려 주기를 바라면서! 당신은 읽은 책을 어디에, 어떻게, 얼마나 활용하고 있는가?

독서 따로, 활용 따로가 아니다! 읽은 것을 활용하고, 활용하기 위해 다시 책을 읽자! 대화할 때, 회의 시에, 문제 해결에, 아이디어 발굴에, 관계개선에 적극 활용하자! 활용을 생각하지 않고 읽기만 하는 독서는 편하다. 그러나 그러자고 책을 읽는 것은 아니다!

독서를 성과향상을 위해 활용하자

시험 보기 위한 공부가 아니다. 시험공부는 어떻게 활용해야 하는지가 단 하나로 정해져 있는 책 읽기이다. 그러나 독서의 활용은 시험에만 국한되지 않는다. 독서로 배운 것을 활용하는 것은 전적으로 나의 몫임을 명확히 인식해야 한다. 책을 읽기만 한다고 해서 능사가 아니다.

우리가 책을 읽는 목적은 가치를 창출하기 위해서이다. 일의 성과를 향상시키든, 관계를 개선하든, 삶의 의미를 찾든 결국은 적극적으로 활용함으로써 독서의 가치가 더욱 빛난다. 우리가 시험에만 지나치게 길들여져 있고, 익숙해져 있기에, 배운 지식을 활용하는 것이, 전적으로 나의 몫임을 인식하지 못하는 사람들이 많다.

읽기는 했는데 아무 소용이 없거나, 내용을 뻔히 알면서도 어디에, 어떻게 활용할지를 몰라 제대로 써먹지 못하는 경우가 다반사다. 물론 일과 직접 관련된 독서나, 실용적 목적을 위한 책 읽기는 활용률이 비교적 높다. 반면에 인문학, 과학, 문화·예술 서적의 활용도는 상대적으로 낮다. 호기심 때문이든, 지적 만족을 위해서든, 재미를 위해서든 어떤 목적으로 책을 읽더라도 지식의 활용범위는 매우 넓고, 활용할 기회는 도처에 널려 있다.

중요한 것은 배운 지식을 활용할 의지가 얼마나 있느냐이다. 어디에, 어떻게 활용할지를 염두에 두고 책을 읽으면, 이해가 깊어지고 더욱 집중하게 된다. 활용할 생각을 하면 책을 읽는 재미와 열정도 덩달아 높아진다.

더군다나 직업이 있는 사회인이라면 독서를 활용할 기회는 거의 매일 있다고 봐도 과언이 아니다. 문서작성, 상사와의 대화, 미팅, 협상, 아이디어 발굴 등의 상황이 하루라도 없는 날이 없지 않은가? 하다못해 잡담을 하면서도, 회식자리에서도 얼마든지 활용할 수 있다. 배운 것을 활용할 기회를 적극적으로 찾고, 스스로 만들어야 한다. 문서를 작성할 때 가장 핵심이 되는 문장을 격언과 연결시켜서, 그 격언을 중심으로 풀어쓴다고 생각하고 작성해 보자.

팀워크 강화 방안을 위한 문서를 작성한다면, 〈달타냥과 삼총사〉에 나오는 "All for one, One for all"을 핵심키워드로 삼고 글을 써 내려 가자. 핵심키워드가 한눈에 쏙 들어오고, 사람들의 기억에도 오래 남는다. 내용이 이리저리 헤매지 않고 중심을 잡게 된다. 회의에서 발표를 맡았다면, 발표주제를 잘 드러내는 명구 하나를 적극 활용해 보자. 앞 사람의 생각에 적극 동감하는 경우라면, '저도 생각이 같습니다'라는 상투적인 멘트 대신 '우리는 영혼의 단짝인가 봐 내 생각도 그래!'라고 말해보자. 좀 오그라들면 어떤가? 상대방은 면전에서는 아무런 반응이 없을지 모르지만, 이 말을 들은 사람은 절대 이 순간을 잊어버리지 않는다. 왜 이런 기회를 마다하는가! 힘들게 읽고 배워서 왜 속으로만 간직하고 있는가?

업무혁신을 위한 아이디어가 필요할 때, 피터 드러커의 『위대한 혁신』을 적극 활용해 보자. 책에서 제시하는 7가지 혁신방안을 차례차례 업무에 적용시켜 보자. 책의 내용대로 되지 않는다면 이렇게도 바꿔보고, 저렇게 변용해 보자. 지금까지 생각지 못했던 아이디어를 발굴할 수 있을 것이다. 독서로 배운 지식이 이렇게 내 업무성과로 연결될 때, 독서가 나의 일이 되고, 나의 일은 또 다른 형태의 독서활동이 된다. 독서가 나의 성과로 연결될 때, 나의 독서가 더욱 그 가치를 발하는 것이 아닐까!

그동안 읽어왔던 무수한 책들이 내가 활용해 주기만을 기다리고 있다. 내 속에서 점잖게 침묵만 하고 있기에, 스스로 알아차리고 있지 못할 뿐이지, 내가 자주 기억에서 불러내 주기만을 학수고대하고 있다. 지식을 활용할수록 더 잘 연결되고, 더

활발히 활용하게 된다. 오른손잡이는 왼손보다 오른손으로 더 많이, 더 자주 쓰기 때문에 오른손이 더 힘이 세고 더 잘 활용할 수 있는 것이다.

읽고 배우고 생각하고 익혔는가? 이제 활용할 차례가 아닌가! 독서를 활용할 생각을 하면, 보다 적극적이고 도전적인 삶을 살 수 있다. 언제, 어디서든 지식을 활용할 기회를 찾는 눈이 흐리멍덩하거나, 무료하게 초점이 없을 리가 없다. 눈이 반짝반짝 빛나고 어떡하든 좋은 생각을 짜내기 위해 계속 다양한 궁리를 하게 된다. 이럴 때 독서는 나의 힘이요, 경쟁력으로 나의 진실한 동반자가 된다. 이런 경험을 만들어 가는 사람이 과연 책 읽기를 소홀히 할 리가 있겠는가? 틈만 나면 SNS에, 유튜브 영상에 아까운 자기의 시간과 노력을 소모하겠는가! 독서를 다른 일보다 우선순위에서 멀리 두겠는가!

독서습관은 책 읽기로 완성하는 게 아니라, 책 읽기가 시작이며, 활용을 그 완성으로 여겨야 한다. 힘들여 구슬 서 말을 모았다면 꿰어서 보배로 만들 책임이 내게 있지 않은가! 별 볼 일 없는 구슬도 꿰면 보배가 되는 법이거늘, 하나하나가 가치 있는 지식은 말해 무엇하겠는가! 성과향상으로 내 독서를 춤추게 하자!

독서노트를
적극적으로 활용하자

　책을 읽으면서 자신의 생각과 느낌을 담은 독서노트를 작성하는 사람들이 많다. 독서노트는 어쩌면 내 머릿속을 깨끗이 비워서, 지금 읽고 있는 책에 더 집중하기 위해 작성하는 것인지도 모른다. 기억은 잠시 노트에 맡겨두고, 책 속으로 좀 더 빠져들 수 있도록 하기 위해.

　그러나 정작 힘들여 작성한 자신의 독서노트를 적극적으로 활용하는 사람은 드물다. 내 시간과 정성을 들여 작성한 노력의 산물을 단지 보관만 해두는 사람들을 보았다. 참으로 안타까운 일이 아닐 수 없다! 같은 책을 읽더라도 느낌과 생각은 저마다 다르다. 그 순간의 내 생각과 느낌이 최고는 아닐는지 모르지만, 내게 가장 값지고 소중한 것이라는 점에서는 명명백백하다.

주간 단위이든 월간 단위이든, 작성한 자신의 독서노트를 정기적으로 재점검하며 다시 요약하고 정리하자. 마인드맵으로 그려나가면서, 읽을 때 느꼈던 느낌과 생각을 다시 생생히 떠올리자. 이렇게 내 지식자산을 축적해 나가자. 앞서 기록한 독서노트를 살펴보면서 새롭게 알게 된 지식과 연결시키자. 지식은 연결될수록 가치를 더하는 법이다.

독서노트에는 평소에는 좀처럼 생각하기 힘든 나의 아이디어가 오롯이 담겨 있다. 아이디어 발굴에 이만큼 값진 보물창고는 없다는 마음으로 소중히 대하자. 독서노트를 재점검하면서 떠오르는 생각들을, 기존 아이디어에 덧붙여 기록하자. 아이디어가 꼬리에 꼬리를 물고 일어나게 하자. 곤란한 문제를 만났을 때, 다른 책을 찾아보거나 다른 사람에게 물어보기 전에 가장 먼저 내 독서노트부터 펼치자. 무엇을 찾아야 할지? 어떻게 찾아야 할지? 실마리를 찾는 가장 현명한 방법이다. 삶의 길에서 방황할 때, 삶의 중요한 기로에 섰을 때, 독서노트에서 길을 찾자. 독서노트에는 내 고뇌의 흔적이 고스란히 담겨 있다. 내 삶의 도처에서 '무엇을 고민하고, 어떻게 살고 싶은지?'가 생생히 기록되어 있다. 이보다 더 내 자신을 잘 말해주는 것이 무엇이 또 있겠는가! 독서노트를 정기적으로 들여다보면서, 뜨거웠던 내 독서열(讀書熱)에 다시 불을 지피자. 비록 책의 내용을 그대로 옮긴 것일지라 하더라도, 나의 문장과 나의 표현으로 적혀 있는 한, 엄연히 내 노력의 산물이다. 내 눈앞에, 그간 내 노력의 결정체인 독서노트가 번듯이 존재하는 것만으로도, 나의 독서열이 다시 뜨겁게 불타오르게 된다.

생각의 재료가 충분할 때, 다양한 생각이 모여 있을 때, 이것과 저것이 상호 연결될 때, 생각이 불현듯 번개처럼 번뜩이는 법이다. 독서노트를 내 생각의 쉼터이며 놀이터로 삼자. 얼마나 다양하고 농도 짙은 생각들이 알알이 담겨 있는가! 얼마나 치열한 내 고뇌의 산물이 켜켜이 쌓여 있는가! 틈틈이 들여다보며 생각에 생각을 거듭하고, 지식에 지식을 더해가자. 독서노트를 활용하여 내 사고력을 향상시키고, 내 창의력을 발전시키자. 독서노트를 적극적으로 활용할 때, 내 독서는 더욱 빛나고, 내 인생은 더욱 깊어지지 않겠는가!

책에서 정답이 아니라
실마리를 찾으려 하자

저마다의 상황과 현실은 각기 다르다. 책에는 정공법이나 저자의 상황에 들어맞는 사례가 씌어 있다는 것을 잊어서는 안 된다. 현실에서는 저마다의 상황에 맞는 다양한 해법이 있을 수 있다. 시험답안을 찾듯 책에서 정답을 찾으려 해서는 안 된다.

책이 지식의 보고인 것은 작은 단서와 실마리로써 무수한 응용과 무궁한 활용이 가능해서가 아닐까! 책에 정답이 있다 믿고, 책에서 정답을 찾으려 하기에, 실망하거나 책에만 의존하게 되는 건 아닐까? 책은 어디까지나 나의 생각과 역량을 촉발시키는 계기와 발판이 될 뿐, 직접적으로 정답을 제공하지는 않는다. 그리고 무엇보다도 내 문제는 반드시 내 손과 내 힘으로 헤쳐나가겠다는 굳은 의지가 중요한 게 아닐까!

설령 책이나 타인이 내게 정답을 제시하는 경우라 하더라도, 실천에 있어서는 나의 생각과 경험을 덧붙여야 한다. 이것이 책의 진정한 활용법이며, 책으로 내 삶을 개선시키는 비결이 아닐까! 책이 내 역량을 촉발시키고, 내게 지혜를 주는 경우는, 내가 지식의 주체로 당당히 설 때뿐이다. 내가 책에 있는 지식을 활용해야지, 책의 내용에 내가 오히려 끌려 다녀서는 안 된다. 책에서 해법을 찾더라도 내 식으로, 내게 맞게 활용함으로써, 문제도 해결하고 동시에 내 역량도 키워나가야지, 책에 의존해서는 안 된다.

지금 내 지식보다 수준 높은 책을 만나면, 한동안 내 자신보다 책의 내용에 영향을 더 많이 받아, 책을 우선하는 상황이 생기기도 한다. 그러나, 이것은 책에 대한 순종과 복종의 태도에서 나오는 바람직하지 못한 모습이다. 책이 지금의 내 수준보다 높은 경우라 하더라도, 내 의식의 비판을 반드시 거쳐야 한다. 내가 이해하고 활용할 수 있는 만큼만 취하려 해야지, 과욕을 부려서는 안 된다. 시간을 두고 천천히 내 속으로, 내 삶 속으로 용해시켜 나가야지, 한순간에 분에 넘치게 흡수하고 내 것으로 만들려 해서는 안 된다.

책 속에서 실마리를 찾는 태도란 무엇일까? 책을 읽으면서 내 문제를 계속 염두에 두는 것이다. '이 인물이라면 어떻게 할까? 이 방법이라면 어떨까? 이 생각과 저 생각을 결합하면 어떨까?' 이런 질문을 염두에 두고서 책을 읽어나가야 한다. 한 마디로 책에서 실마리를 발견하겠다는 각오로 책을 읽어야 한다. 책에서 정답을 찾으려 하면, 내 상황보다 책을 우선하게 되고, 상황에 맞는 해법을 찾으려 하기보다는, 내 상황을 책에 맞춰서 잘못 인식하게 만들 여지가 있다. 책은 어디까지나 보조수단이나 실마리 제공 차원에서 참고해야지, 책이 주인 노릇을 하게 두어서는 안 된다. 책에서 정답을 찾으려 하다가 실망하거나, 책이 전혀 도움이 되지 못한다 여겨 실망한 경우가 얼마나 많은가! 이런 경험을 몇 번 하다 보면, 책 자체에 대한 흥미도 떨어지고, 책과의 사이도 멀어지게 된다.

반면에 실마리를 발견하려는 태도를 갖출 경우, 실마리를 찾기 위해서 더욱 책에 집중하게 되고, 책의 내용을 다양하게 시도해 보고 활용함으로써, 문제 해결에 도움이 될 뿐만 아니라, 그 과정을 통해 자신감이 생기고, 내 역량 자체가 계발된다. 무슨 책을 읽더라도 아이디어가 샘솟고, 내 일상에서 활용할 방법을 스스로 생각하게 된다. 이러니 책과 일상이 자연스럽게 연결되지 않을 리 없다. 책을 통해서 실마리를 찾고, 일상에서 책의 지식을 적극적으로 활용할 수 있게 된다.

내게 꼭 맞는 정답이란 책에 없다. 다만, 내가 내 상황에 맞게 다양하게 활용할 수 있는 실마리가 들어 있을 뿐이다. 지식 활용은 어디까지나 내 스스로의 몫임을 잊어서는 안 된다.

인간관계 강화와 개선을 위해 독서를 활용하자

학이시습지 불역열호(學以時習之 不亦說乎)라! 유붕자원방래 불역락호(有朋自遠方來 不亦樂乎)라! 그 유명한 논의 첫 구절이다. 배움의 즐거움과 관계의 기쁨을 동일 선상 위에 놓고 있다.

독서만큼 사람 사이의 관계를 강화시켜 주고, 개선시켜 주는 방법이 또 있을까? 우리는 사람관계에 대해, 여러 사람을 만나다 보면, 많은 경험을 쌓다 보면 저절로 꼬인 관계를 풀거나, 개선할 수 있는 방법을 터득할 수 있다고 여긴다. 물론 맞는 말이다. 그러나 우리에게는 책이라는 최상의 친구요 스승이 곁에 있지 않은가! 직장에서 상사나 동료와의 관계 때문에 스트레스를 받고 있는가? 가족들 간의 불화로 가정이 위기에 처해 있는가? 애정전선에 문제가 생겨 괴로움을 겪고 있는가? 사람과의 관계가 우리 삶의 질에 크게 영향을 미친다.

행복조사에 의하면 정신적 교감을 나누는 관계가 있는 사람은, 그렇지 못한 사람에 비해 3배나 더 건강하고, 활기차고, 행복하다는 연구조사 결과를 발표하였다. 사람에게 관계가 이렇게 중요한 문제이다 보니, 사람 간의 관계를 다루는 책만 해도 정말 많다. 배려, 존중, 경청, 소통, NO라 말하기, 미움받을 용기까지 책을 읽는 사람으로서 책에서 제시하는 관계의 원칙과 다양한 사례를 적극 활용해 보자.

아내와 다툼이 있는 경우라면, 여성의 심리를 조금 더 배워보자. 남자와 여자는 화성인과 금성인 만큼이나 차이가 난다는 것을 이해하고, 활용해 보자. 남자는 문제를 해결하는 데 초점을 두고, 여자는 자기가 이해받기를 더 원한다. 아무리 아내에게 해결책을 제시해도 아내의 마음은 풀리지 않는다. 가렵지도 않은 곳을 열심히 박박 긁고 있기 때문이다. 이럴 때는 작정하고 딱 30분만 아내의 말을 들을 각오를 하자. 눈을 맞추고 맞장구치고, 아내의 말을 듣는 데 모든 정신을 집중하자. 절대 토를 달거나 해법을 제시하려 해서는 안 된다. 이미 책에 그렇게 쓰여있지 않은가! 밑져야 본전이니 그대로 따라 해보자. 해결책을 찾느라 애써 머리를 굴리고 마음을 졸이지도 않고, 그냥 듣고 맞장구만 쳤는데도 마치 마법처럼 아내의 마음이 스르르 풀리는 경우를 몇 번이나 맛봤다. 유레카!!! 이제 아내의 마음을 풀 수 있는 마법의 열쇠가 내 손에 쥐어져 있는 것이다!

직장에서 관계의 불화로 인해 갈등의 골이 깊어진 경우라면, 대부분의 경우 남자들끼리라면 술 한잔 걸치고, 어깨동무하면서 으쌰으쌰 하면서 풀려고들 한다. 그러나 정작 형, 아우는 술이 취해 있을 때뿐이고, 다음 날에는 여전히 불편한 관계가 계속된다. 술 한잔으로 풀릴 관계였으면 그렇게 골이 깊어지지도 않지 않았을까?

무엇을 위해 그동안 배려, 존중, 경청에 관해 읽었는가? 그냥 그게 좋은 거라서. '저자는 어떻게 그렇게 잘할 수 있을까?'하고 감탄만 하고 있지는 않은가! 먼저 내 마음을 열고 내 귀를 내주어야 한다. '불화의 원인이 무엇인지? 오해 때문인지? 경쟁심 때문인지?' 들어야만 풀 실마리를 찾을 수 있기 때문이다.

이때 스티븐 코비의 『성공하는 사람들의 7가지 습관』에 나오는 「먼저 경청한 다음 이해시켜라」를 실천해 보자. 나의 주장을 내려놓고 상대방의 의견에 귀를 기울여 보자. 중간중간 내가 제대로 이해하고 있는지 물어보자. 상대방의 말을 나의 표현으로 바꾸어서 내가 제대로 이해하고 있는지 확인해 보자. 중요한 것은, 이때는 절대 나의 주장을 말하지 말아야 한다는 사실이다. 내 주장을 펼치기 위해 듣고 있는 게 아니다. 마음속으로 호시탐탐 반격할 기회를 노려서도 안 된다. 오직 상대를 이해하기 위해 듣는 데만 온 신경을 집중해야 한다. 충분한 시간을 상대방을 이해하기 위해 할애했는데, "이만 됐어, 이제 가봐"라고 말하는 사람은 세상에 없다. 왜냐하면 로버트 치알디

니의 『설득의 법칙』에 어긋나게 행동하는 경우, 스스로가 가장 불편하게 느끼기 때문이다. 상대방이 저렇게까지 나를 이해하기 위해 들어주었는데, 지금껏 내 이야기만 일방적으로 했는데, 왠지 미안한 마음이 들어서라도 상대 얘기를 들어줘야 할 것 같은 의무감까지 생긴다. 이렇게 상대방에게 반박할 마음을 갖지 않고, 허심탄회하게 이야기할 수 있는 분위기가 조성되면, 관계개선은 이미 반은 이루어진 셈이다.

왜? 인간관계의 대가들의 지혜를 활용하려 하지 않는가? 책을 읽고 배운 것을 이렇게 활용해야 하는 게 아닐까! 한두 차례 이런 경험을 하다 보면 책을 읽기만 하는 게 아니라, 내 상황을 결부시키고, 책의 사례로써 나만의 해법을 제시하기도 한다. 이제 읽기만 하는 수동적 독서가에서, 능동적으로 참여하는 독서가가 된 것이다! 몇 번 시도했음에도 불구하고 잘 되지 않는 경우도 있을 수 있다. 그럴 때는 또 다른 방법이 있지 않은가? 다양한 해법을 제시하는 책이 얼마나 많은가! 비록 개별 상황은 다르다 해도, 인간의 본성과 속성, 기본 심리는 그리 다르지 않다. 속성과 원리를 이해하면 어떻게 대처해야 하는지를 스스로 알게 된다.

배워서 활용함으로써 실질적인 도움이 되고, 배운 것을 활용하는 즐거움에 더욱 독서에 열중하게 된다. 이런 독서와 활용의 선순환이, 내가 책을 계속 읽어갈 수 있게 해주는 원동력이 되는 게 아닐까!

독서로의 초대

내 꿈을 찾고 실현하기 위해
독서를 활용하자

당신은 독서에 무엇을 기대하고 있는가? 독서를 내 꿈과 연결시켜 본 적이 있는가? 내 꿈을 찾고, 만들기 위해 독서를 발판으로 삼아본 적이 있는가? 독서가 단지 현실의 어려움을 잊게 하는 위로와 현실 문제를 해결하는 실용지식만을 위한 것은 아니다. 나를 꿈꾸게 하고, 내 꿈을 찾아가게 격려하고 응원하기도 한다.

왜 어릴 적 우리는 위인전기를 읽으면서 가슴이 뛰고, '나도 커서 저렇게 되어야지'하는 꿈을 꾸며 잠이 들었는데, 지금은 현실에만 얽매여 허우적거리고만 있는가? 꿈을 꾸기에는 너무 늦었다거나, 내 꿈이 너무 커서 이룰 수 없다고 여기거나, 심지어 이루고픈 꿈조차 없이 살아가고 있지는 않은가?! 이제 다시 꿈을 꾸어야 할 시간이다.

독서가 내게 꿈을 찾아 나서게, 꿈을 힘껏 좇게 부추기기 때문이다. 이럴 때는 만사를 제쳐놓고 내면에서부터 적극 호응해야 한다. 얼마 만에 느껴보는 가슴 뛰는 순간이며, 얼마 만에 맛보는 삶의 활기인가!

독서로 인해 자기 꿈을 찾고 실현한 많은 사람들이 있다. (『내 인생을 바꾼 한 권의 책』 참조) 독서로 내 꿈을 찾는 방법은 어찌 보면 간단하다. 아니 오히려 단순하기 때문에 효과적인 것은 아닐까! 자기 스스로에게 자문하는 것이다. 스티브 잡스의 꿈은 무엇이었나? 그렇다면 나의 꿈은 무엇인가? 공자는 인(仁)으로 세상이 평화롭게 다스려지는 것을 꿈꾸었다. 과연 내 꿈은 무엇인가? 내가 꿈꾸는 세상은 무엇인가? 빌 게이츠는 기부로 세상의 어려움을 해결하려는 꿈을 좇고 있다. 나는 어떤 꿈을 좇고 있는가? 책을 읽으면서, 읽은 후에도 계속 이 질문을 염두에 두자.

우리는 우리가 오래, 자주, 꾸준히 생각하는 바로 그 사람이 된다. '내 꿈이 무엇인가?'를 계속 물으면, 나의 내면이 내게 답하기 마련이다. 우리 뇌는 계속 고뇌하기보다는, 차라리 속 시원히 해답을 주는 게 자기가 살길이라고 판단하기 때문이다. 책을 꾸준히 읽어나가는 것보다 자기 꿈이 무엇인지를 지속적으로 묻는 더 나은 방법을 나는 알지 못한다. 책을 통해 자기 꿈을 꾸고, 실현시키기 위해 꾸준히 자기 내면을 갈고 닦는 것보다 더 나은 방법을 나는 알지 못한다.

독서가 내 꿈과 연관 지어질 때, 독서가 내 꿈을 좇게 만들 때, 나는 이제 목적지를 향해 나아가는 쏜살같이 빠른 배가 된다. 이리저리 헤매다 높은 파도를 만나 난파당하는 돛단배가 아니라, 어떤 역경이라도 견뎌내고 오직 내 꿈 하나만을 좇는 포경선이 되는 것이다. 주인공 에이해브는 오직 모비딕만을 좇았다. 만약 다른 고래를 잡으려 했다면 얼마든지 원하는 만큼 잡을 수 있었고, 무사히 귀환했을지 모른다. 그러나 다른 고래 수백 마리를 잡더라도 자신이 좇는 모비딕이 아니라면 그의 꿈은 이루어진 게 아니다. 다른 고래는 그에겐 그저 한 마리의 물고기에 지나지 않는다. 내게 그 간절히 소망하는 흰 고래는 무엇인가? 무엇인지가 중요한 게 아니라, 좇고 또 좇아 반드시 잡고 싶은 고래 한 마리 가슴에 품고 사느냐가 중요한 게 아닐까!

독서를 내 꿈과 연결시키자! 책을 읽으면서 내 꿈을 키워가자! 자기 꿈을 위해 치열하게 도전했던 그들의 그 정신과 태도를 본받자. 책이 나를 꿈꾸게 할 것이다. 책이 나의 꿈에 이르는 길을 보여줄 것이다. 책 속에 길이 있다! 독서로 내 꿈에 날개를 달자!

독서로 내 의식을 확장하고, 삶의 의미를 찾자

꾸준히 책을 읽으면 필연적으로 내 의식이 확장됨을 느끼는 순간이 온다. 의식의 확장이란 무엇인가? 어떻게 일어나는 것일까? 충격적인 일을 겪으면(생사의 기로에 선다든지, 인생의 큰 방향이 바뀐다든지) 의식이 갑작스레 기존과 확연히 다르게 느껴지는 경우가 있다. 하지만 대부분의 경우에는 점차로 지식과 경험이 쌓이면서 보는 시야가 넓어지고, 생각이 깊어지는 과정을 통해 의식이 확장된다.

의식이 확장된다는 말은 '의식의 확장과정을 지속적으로 되풀이한다'는 의미이다. 다시 말해, 지식과 경험에서 의미를 발견하고 바라보는 시야가 넓고 다양해지며, 생각이 깊어지는 것을 말한다. 어떤 목적으로 책을 읽더라도 호기심이든, 유용성이든, 휴식이든, 자기대면이든 이런 과정을 거치고 거쳐서 마침내 도달하는 곳은 내 의식의 확장이다. 의식이 확장되면 나의 관계를 개선할 수도, 삶의 의미를 발견할 수도, 스스로 내삶의 의미를 부여할 수도 있게 된다. 일상을 다르게 볼 수도, 상관없는 일들을 의미 있게 상호 연결시킬 수도 있게 된다. 한마디로 자기 마음먹기에 따라 다양한 해석이 가능할 만큼 유연해지고, 다른 무엇에 얽매이지 않을 만큼 자유로워진다.

꾸준한 독서습관이 내 의식을 확장하기도 하지만, 내 의식을 확장하기 위해 독서를 할 수도 있다. 보다 다양한 관점을 갖기위해, 상황과 사건을 읽는 안목을 높이기 위해, 타인에 대한 이해와 공감을 높이기 위해, 자기 자신에게 좀 더 가까이 가기 위해 책을 읽을 수 있다.

다른 독서의 목적과 마찬가지로 내 의식확장을 목표로 삼기위해서는 자주 멈춰 서서 내 자신을 돌아보아야 한다. 내 마음이 무엇에 반응하는지? 어떻게 움직이는지? 어떻게 변해가는지? 이런 과정과 방법을 알려주는 책이 있다. 『걷기 명상(틱낫한)』, 『삶의 의미를 찾아서(빅터 프랭클)』, 『삶이 내게 말을 걸어올 때(파커 파머)』, 『의미 있는 삶을 위하여(알렉스 룽구)』가 의식에 대해 다루는 책이다. 중요한 것은 책을 읽으면서도, 내 의식을 나의 내면에 집중하는 것이다. 내면 관조라 일컫는 자기 주시, 자기관찰을 놓치지 말아야 한다.

독서는 다양한 방식으로 우리 내면과 교감한다. 지식으로, 행동으로, 감정으로, 자극으로, 격려의 방식으로. 오랫동안 꾸준히 책을 읽어온 사람들을 보면 마음이 차분하게 안정되어, 좀처럼 흥분하지 않으며, 세상의 기준에 휘둘리지 않고, 경쟁과 다툼에서 비켜나 있는 경우가 많다. 의식이 확장되어 외부 기준보다 자기 내면의 기준이 더 중요함을 알고 자기 내면을 따르기 때문이다. 그 덕분에 행동이 내면과 부합하고, 앎과 행이 조화롭게 이루어진다.

이왕에 크게 마음먹고 시작하는 독서라면, 내가 가야 할 길로 독서를 선택했다면, 내 의식을 확장하여 편견으로부터 보다 유연해지고, 탐욕으로부터 보다 자유로워지는 경지를 추구해야 하지 않겠는가! 독서를 통해 의식확장의 방법과 중요성을 배웠다면 일기 쓰기, 사색, 성찰, 자기와의 대화를 꾸준히 실행해 나가자. '무엇을 하고 싶은지? 어떻게 살고 싶은지? 나는 누구인지?'를 묻고 스스로 답해가는 과정을 꾸준히 행하자.

아는 것만으로는 충분하지 않다. 앎이 행이 되어, 내가 원하는 그곳에 내 삶이 이르게 해야 한다. 언제나 내게 가장 중요한 것은 내 삶 그 자체가 아닌가!!! 내 의식을 확장하는 것이 진짜 성장이다. 꾸준한 독서를 통해 내 의식을 확장시키고, 삶의 의미를 찾아가자!

독서를 통해
나를 비우자

　독서하는 시간만큼은 현실의 이해득실과 관계의 얽힘을 한쪽으로 제쳐두고, 순수한 나로 돌아가기 위해 책을 읽자. 하루의 힘든 일상과 지친 노동에서 벗어나, 오롯이 나를 만나기 위해 내 허물을 벗는 시간으로 만들어 보자. 일상적인 활동을 통해서는 결코 나를 비울 수 없다. 눈앞의 현실이 계속 나를 붙잡고, 욕망이 계속 나를 부추기기 때문이다. 독서를 통해 현실과 다른 세상을 만나자. 경쟁과 다툼으로만 뒤엉켜 있는 욕망의 세상이 아니라, 협력, 화해, 공존으로 모두가 함께하는 이상을 만나자.

　책을 통해 나를 비우기 위해서는 어떻게 해야 할까? 위대한 인물의 발자취를 더듬으며 내 안목을 넓혀야 할까? 동병상련의 아픔을 겪고 있는 인물들을 통해 이해와 공감을 가져야 할까? 비운다는 것은 어디에도 얽매이지 않고 자유롭다는 의미이니, 시비를 분별하려 하지 말고, 지식을 얻으려고 하지 말고, 성장하려는 욕망도 잠시 내려놓자. 있는 그대로를 순수하게 바라보려 하고, 느끼는 그대로를 순수하게 받아들이려 하자.

수많은 욕망들과 세상의 가치들이 내게 오라 유혹하며 부른다. '자기를 만족시켜 달라고, 자기가 더 가치 있다고' 아우성친다. 내 자신을 비우고 오롯이 내 자신으로 서지 않고서는 이내 욕망과 유혹에 흔들리고 만다.

비움은 냉정한 시선으로 주위를 돌아보는 태도이다. 아무리 욕망이 내 것부터 취하라 하고, 제아무리 유혹이 나를 덮치려 해도 텅 빈 마음으로 바라볼 줄 알아야 한다. 내게 필요 없기 때문에, 넘쳐나기 때문에, 더 가치 있는 것을 채우려고 하기 때문에 비우는 게 아니다. 오직 비움으로써만 올바로 인식할 수 있기 때문이다.

책을 통해 지식과 간접경험과 이해와 공감을 배우기는 비교적 쉽다. 누구나 독서를 통해 무언가를 얻는 것은 자연스러운 과정이기 때문이다. 그러나 책을 통해 비우기 위해서는 반드시 자신의 의식적인 노력이 뒤따라야 한다. 왜 비우는지를 알아야 하고, 무엇을 비워야 하는지를 인식해야만 가능한 일이다.

왜 비워야 할까? 세상의 잣대에 휘둘리지 않고, 내 자신의 기준을 세우기 위함이다. 비우면 가장 중요한 것만 남고, 나머지는 다 떨어져 나간다. 비우고 비워서 끝까지 남은 마지막 것만이 나의 기준이 되기 때문이다. 무엇을 비워야 할까? 다른 그무엇도 아닌 나의 욕망이다.

비우려고 책을 읽고 있는 이 순간만큼은, 나는 더 이상 내 욕망의 노예가 아니며, 내 욕망을 객관적으로 바라보는 또 다른 내 자아이다. 현실에서는 언제나 내 판단과 행동의 기저에 나의 욕망이 근거하고 있다. 내 하루의 모든 선택과 행동이 내 욕망의 충족을 위한 시간이다. 그렇기에 책을 읽는 이 순간만큼은 욕망을 좇는 입장이 아닌, 욕망을 가만히 바라보는 관조자의 입장에 서보자. 내 욕망에서 한 발짝 물러서면 많은 헛된 가치들이 떨어져 나간다. 돈, 명예, 권력 등으로 대변되는 세상의 껍데기들은 모두 떨어져 나가고, 의미, 보람, 사랑이란 알짜들만 남게 된다.

이런 비움의 시간을 통해 내가 한 뼘 더 성장하는 게 아닐까! 계속 더 많이, 더 좋은 것만 채우려는 방식의 삶에서 벗어나서, 내려놓고 떠나 보내고 비움으로써 내 자신이 더욱 충만해지는 건 아닐까! 조용히 책상에 앉아 독서에 전념하는 시간, '나는 왜 비워야 하는지? 무엇을 비워야 하는지?'를 내 스스로에게 묻는다. 이 물음에 답하는 것이 오늘 내 독서의 이유이다!

기존의 것을 비워야만 새것으로 채울 수 있다. 비움의 묘미가 여기에 있다. 배우고 익히고 나서는 담담히 떠나 보내야 한다. 움켜쥐고 있으려 해서는 안 된다. 비워야 새롭게 채울 수 있고, 떠나 보내야 비로소 내 것이 솟아날 수 있다!

10년 독서를
계획하자

독서로 내 자신을 성장시키고자 마음먹었다면, 최소한 10년을 계획하자. 10년 동안 독서생활을 지속할 각오를 하면, 많은 것이 달라지게 된다.

첫째, '독서가 내게 얼마나 의미 있느냐?'를 묻게 된다. 의미 없는 일에 내 소중한 10년을 바칠 수는 없는 일이 아닌가? 독서에 대한 의미를 묻고, 찾고, 스스로 부여하게 된다. 이 과정에서 독서에 대한 나의 인식과 태도가 바람직하게 변화한다. 10년을 각오했음에도 안일한 인식과 태도로 책을 대할 수는 없기 때문이다.

둘째, 10년 독서를 계획하고 나면 일희일비하지 않을 수 있다. 책이 술술 잘 읽히는 날도, 도저히 읽을 수 없을 만큼 힘든 날도 10년을 계획하면 대수롭지 않은 일이다. 10년을 한결같이 매일 잘 읽는 사람은 세상에 없다. 그러나 10년 넘게 꾸준히 책을 읽어온 사람은 드물지 않다. 차이가 무엇일까? 독서를 길게, 멀리 보았기에, 매일의 일상에서 떨어져서 자신을 볼 수 있기 때문이 아닐까!

셋째, 10년 독서계획수립은 내 독서활동을 체계적으로 실행하고, 피드백하게 한다. 매일 독서계획에 따라 꾸준히 실천하면서 1년 단기계획, 3~5년 중기계획, 10년 장기계획을 세워서 실행하게 된다. 10년은 결코 짧은 세월이 아니기 때문이다. 큰 방향을 세우고 중간중간 기착지를 정하지 않고서는, 결코 목적지에 도달할 수 없다는 것을 스스로 잘 알고 있기에, 독서계획을 체계적으로 수립하지 않고서는, 결코 10년 독서활동에 도전할 수 없는 일이다. 또한 독서로 인한 성장은 피드백을 통해 이루어진다. '내 독서가 폭넓게 진행되고 있는지? 내 독서기술과 방식이 발전하고 있는지? 단기/장기 목적에 맞게 잘 실행하고 있는지?'를 스스로 살피게 된다. 한마디로 다양한 방식으로 끈질기게 독서에 도전하게 된다.

넷째, 10년을 계획하면 독서습관만 형성되는 게 아니다. 독서를 실행하는 과정에서 익힌 끈질긴 노력과 성실한 태도가 내 삶에 고스란히 배여 든다. 독서는 치열하고 성실하게 임하면서, 자신의 일과 관계, 자기 삶에 건성으로 대충대충 대하는 사람은 있을 수 없다. 10년 독서계획이 '나'라는 사람 자체를 단련시키고, 성장시키기 때문이다.

'10년 독서계획이 너무 부담스럽고, 지나치게 나를 압박하지 않을까?'하는 염려가 있을 수 있다. 그러나 가치 있는 것들이 어디 쉽게 이루어지던가? 나의 노력과 열정을 쏟아붓지 않고서 얻는 것들이 정말 내게 그만한 가치를 안겨주던가! 세상에 쉽고, 편하고, 빨리 성공하는 법이란 없기 마련이다. "모든 고귀한 일은 드물고 어렵다"고 스피노자 역시 말하지 않았던가!

10년을 꾸준히 독서하는 사람은, 자신이 독서를 수행하는 10년간만 성장할 수 있는 게 아니다. 우리가 투자한 독서 10년은 장차 우리를 어디로 데려갈 수 있을까? 살아갈수록 나의 잠재력과 가능성이 눈덩이처럼 확대되지 않을까! 돈을 10년간 부지런히 모아도 지켜내기가 쉽지 않다. 스펙을 열심히 쌓아도 10년 뒤에는 별로 소용이 없는 경우도 흔하다. 그러나 독서 10년은 결코 가치가 줄어들거나 쓸모가 닳아 없어지는 법이 없다.

지금부터 독서 10년의 투자는, 내 삶을 향상시키고, 내 자신을 성장시키는 최상의 한 수, 한마디로 신의 한 수가 될 것이다! 그렇게 되도록 내 자신이 만들어 가야 한다!

'한가하게 책에 10년이나 투자할 시간이 없다 여기는가? 빛의 속도로 변화하는 이 시대에 고리타분하고 느려터진 책이라고 외면하고 있는가?' 독서는 절대 한가한 신선놀음도, 속도에 뒤처지는 삶의 방식도 아니다. 10년을 계획하면 각오와 태도가 달라진다. 내 소중한 시간과 노력을 투자한 10년 독서계획은, 내 자신과 내 삶을 송두리째 변화시키는 질적 토대가 된다고 확신한다!

참고문헌

류시화/『좋은지 나쁜지 누가 아는가』/도서출판 더숲

함민복/『말랑말랑한 힘』/문학세계사

법정/『무소유』/범우사

구본형/『익숙한 것과의 결별』/을유문화사

생텍쥐페리/『어린 왕자』/문학동네

로버트 루트번스타인, 미셸 루트번스타인/『생각의 탄생』/에코의서재

오주석/『한국의 미 특강』/푸른역사

박민영/『책 읽는 책』/지식의숲

기세춘/『노자 강의』/바이북스

헤르만 헤세/『데미안』/민음사

최효찬/『세계 명문가의 독서교육』/바다출판사

니콜로 마키아벨리/『군주론』/현대지성

유성룡/『징비록』/위즈덤하우스

찰스 다윈/『종의 기원』/너머학교

최진석/『탁월한 사유의 시선』/21세기북스

시오노 나나미/『로마인 이야기』/한길사

고병권/『니체의 위험한 책, 차라투스트라는 이렇게 말했다』/그린비

니체/『차라투스트라는 이렇게 말했다』/민음사

스티브 레빈/『전략적 책읽기』/밀리언하우스

최수민/『목차독서법』/델피노

사마천/『사기열전』/서해문집

이희석/『나는 읽는 대로 만들어진다』/고즈윈

최진석/『생각하는 힘 노자 인문학』/위즈덤하우스

최진석/『경계에 흐르다』/소나무

최진석/『인간이 그리는 무늬』/소나무

최진석/『저것을 버리고 이것을』/소나무

최진석/『탁월한 사유의 시선』/21세기북스

최진석/『나 홀로 읽는 도덕경』/시공사

이종선/『멀리 가려면 함께 가라』/갤리온

어니스트 헤밍웨이/『노인과 바다』/더클래식

클로드 레비 스트로스/『슬픈열대』/한길사

에드워드 H. 카/『역사란 무엇인가』/홍신문화사

유발하라리/『사피엔스』/김영사

클로드 레비 스트로스/『슬픈열대』/한길사

임마누엘 칸트, 백종현 옮김/『순수이성비판』,『실천이성비판』,『판단력비판』/아

카넷

이수영/『순수이성비판 강의』『실천이상비판 강의』/북튜브

김광명/『칸트의 판단력비판 읽기』/세창미디어

장석주/『저게 저절로 붉어질 리는 없다』/난다

허브코헨/『협상의법칙』/청년정신

피터드러커/『위대한혁신』/한국경제신문

김용옥/『논어 한글역주』/통나무

존 그레이/『화성에서 온 남자 금성에서 온 여자』/친구미디어

스티븐 코비/『성공하는 사람들의 7가지 습관』/김영사

로버트 치알디니/『설득의 심리학』/21세기북스

잭 캔필드, 게이 헨드릭스/『내 인생을 바꾼 한 권의 책』/리더스북

허먼멜빌/『모비딕』/문학동네

리처드 바크/『갈매기의 꿈』/현문미디어

알렉스 룽구/『의미 있는 삶을 위하여』/수오서재

빅터 플랭클/『삶의 의미를 찾아서』/청아출판사

파커 J 파머/『삶이 내게 말을 걸어올 때』/한문화

법정/『텅 빈 충만』/샘터사

바뤼흐 스피노자/『에티카』/비홍출판사

독서로의
초대

초판 1쇄 발행 2023. 1. 5.

지은이 배종경
펴낸이 김병호
펴낸곳 주식회사 바른북스

편집진행 김주영
디자인 김민지

등록 2019년 4월 3일 제2019-000040호
주소 서울시 성동구 연무장5길 9-16, 301호 (성수동2가, 블루스톤타워)
대표전화 070-7857-9719 | **경영지원** 02-3409-9719 | **팩스** 070-7610-9820

•바른북스는 여러분의 다양한 아이디어와 원고 투고를 설레는 마음으로 기다리고 있습니다.
──
이메일 barunbooks21@naver.com | **원고투고** barunbooks21@naver.com
홈페이지 www.barunbooks.com | **공식 블로그** blog.naver.com/barunbooks7
공식 포스트 post.naver.com/barunbooks7 | **페이스북** facebook.com/barunbooks7

ⓒ 배종경, 2023
ISBN 979-11-6545-977-2 03370
──